Rosenliebe

Zauberhafte Rosenmärchen

LARDON

Impressum

Die im Buch veröffentlichten Ratschläge und Rezepte wurden von der Herausgeberin sorgfältig erarbeitet und geprüft. Eine Garantie kann dennoch nicht übernommen werden, ebenso ist eine Haftung der Herausgeberin bzw. des Verlages und seiner Beauftragten für Personen-, Sach- und Vermögensschäden ausgeschlossen.

Originalausgabe

Grafisches Konzept und Satz:
veruschka götz | typographers | berlin

Printed in Germany

ISBN (Buch in der Geschenkbox)
3-89769-547-2

ISBN (nur Buch)
3-89769-903-6

www.lardon-media.com

Claudia Lardon (Hg)

Rosenliebe

Zauberhafte Rosenmärchen

LARDON

Inhalt

Vorwort

Märchen sind etwas für Romantiker, Rosenmärchen insbesondere. Hier entbrennen noch Leidenschaften, Prinzen kämpfen heldenhaft und handfest um die Liebe, und bei aller Dramatik ist doch eines ziemlich gewiss: alles geht gut aus. Die böse Herzogin im Märchen vom »Rosenblättchen« kommt um, das Furcht einflößende »Biest« ist ein verzauberter Prinz; und Giovanni ist in Wirklichkeit ein Mädchen, dass sich in der Erzählung »Von dem klugen Mädchen« ihren Prinzen redlich verdient hat.

Einige der hier vorgelegten neun Rosenmärchen sind sehr bekannt, andere eher nicht. Es ist reizvoll, ja spannend, gerade auch die populären Märchenstoffe, wie »Der Rosenelf« von Hans Christian Andersen oder »Die Nachtigall und die Rose« von Oscar Wilde, mit dem verwöhnten Blick eines Rosenliebhabers zu betrachten: Stark und vielfältig ist die Symbolkraft der Rose.

So steht sie für Liebe und Erotik – oder ist es etwa ein Zufall, dass sich aus denselben vier Buchstaben auch der Begriff »Eros« bilden lässt? Da wünscht sich die Tochter in dem Märchen »Die Schöne und das Biest« vom Vater eine Rose als Reisemitbringsel. Ein nur scheinbar bescheidener Wunsch, immerhin bringt er den Vater in Lebensgefahr. Die Schöne führt er auf Umwegen ans Ziel ihrer (verdeckten) Wünsche, nämlich direkt in die Arme eines verwunschenen Prinzen. Die Rose markiert hier, genauso wie in dem italienischen Märchen von »Pezze e fogghi«, das Ende der Unschuld und die erwachenden Leidenschaften.

Bei aller Faszination für die Schönheit und die Sinnlichkeit duftender Rosenblüten vergessen die Märchenerzähler aber auch nicht die Dornen und das harte Rosenholz; eine Rosenhecke bildet einen

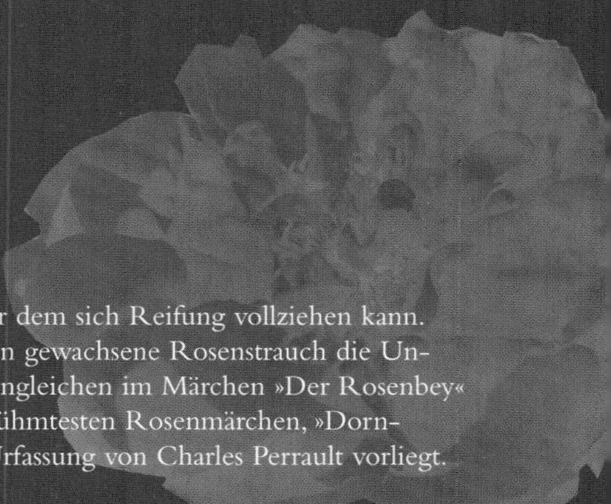

natürlichen Schutzwall, hinter dem sich Reifung vollziehen kann. So bewahrt der in Jahrzehnten gewachsene Rosenstrauch die Unschuld von Gülilah, der Rosengleichen im Märchen »Der Rosenbey« ebenso wie in dem wohl berühmtesten Rosenmärchen, »Dornröschen«, das hier in seiner Urfassung von Charles Perrault vorliegt.

»Märchen sind Entwürfe von Glück«, schreibt der Märchenforscher Ulf Diederichs. Und weiter: »Zu ihrer Verheißung gehört: Niemand ist in so auswegloser Lage, dass er sie nicht meistern könnte.« Dazu bieten uns Märchen eindringliche Bilder, die von inneren Vorgängen erzählen. Wohl auch darin liegt der Lesegenuss für uns Erwachsene. Wir suchen in diesen Geschichten nach den Verhaltensmustern und den zu Formeln geronnenen Lebenserfahrungen, um aus ihnen möglicherweise Einsichten und Handlungsvorschläge für unser eigenes Leben zu gewinnen.

Dabei ist es ohne Belang, ob die Erzählstoffe aus dem Volksmund stammen und berühmte Märchensammler wie das Brüderpaar Grimm, Charles Perrault oder der Italiener Giambattista Basile diese aufgeschrieben haben; oder ob sie – kunstvoll gewoben und sprachlich sehr reizvoll – von Dichtern wie Hans Christian Andersen, Oscar Wilde oder Clemens von Brentano ersonnen wurden. Auch diese sogenannten Kunstmärchen stehen in der Jahrhunderte alten Erzähltradition, bedienen sich altbekannter Stoffe – im Falle der Rosenmärchen entstammen diese häufig der orientalischen Überlieferung – und wandeln sie in erfrischender Weise um.

Einer Richtigstellung bedürfen die Nomadenmärchen der Elsa Sophia von Kamphoevener. Die Autorin (1878 – 1963) war eine glühende Verehrerin der anatolischen Bergvölker – und sehr romantisch veranlagt. Angeblich hat sie, als Mann verkleidet, unter ihnen gelebt und ihre Lagerfeuergeschichten nachträglich aufgeschrieben. Heute würde man so etwas gelungenes Selbst-Marketing nennen. Wie gut, dass sie schon früh damit Erfolg hatte! Ihr »Rosenbey« gehört sicher zu den schönsten aller Rosenmärchen. So überbordend romantisch, wie hier von einer vierzig Tage dauernden Brautwerbung erzählt wird, und so lieblich, wie die über und über mit Rosenblättchen geschmückte und zarten Rosenduft ausströmende Braut geschildert wird, möchte man am liebsten beim großen Fest dabei sein.

Vergessen wir aber über all dem psychologischen Feinsinn nicht den puren Genuss, den es bereitet, in die Märchenwelt unserer Kindertage einzutauchen. Träumen wir uns an Ort und Stelle – sicher findet sich ein beschauliches Plätzchen dafür –, und geben wir uns ganz dem Zauber der Rosenmärchen hin.

Claudia Lardon

Die Schöne, die im Walde schlief

Charles Perrault

»Sind Sie es, mein Prinz? Sie haben lange auf sich warten lassen.« Mit diesen charmanten Worten verdreht die Prinzessin ihrem Erlöser, der neben ihrem Bett auf die Knie gesunken ist, sogleich den Kopf. Sie ist schön wie ein Engel, ihre Wangen blühen »wie Rosen«, allerdings ist sie etwas altmodisch angezogen, wie ihr Prinz zugleich bemerkt. Kein Wunder, schließlich hat die Schöne hundert Jahre im Zauberschlaf verbracht, Doch nun ist sie bereit für Neues. Die Dornenhecke hat sich geöffnet, ihre Kindertage sind vorbei.

An dieser Stelle endet das Grimmsche Märchen von Dornröschen. Die hier vorliegende ursprüngliche Version, von Charles Perrault 1697 aufgezeichnet, geht aber noch weiter. Auch der jugendliche Prinz muss einen Reifeprozess durchmachen. Und auch er braucht Zeit – zwei Jahre insgesamt – bis er seiner Mutter die heimliche Liebesbeziehung offenbart. Dass die beiden in dieser Zeit schon wie Mann und Frau zusammenleben, dafür sind ihre Kinder, Prinzessin Morgenröte und Prinz Tag, der lebende Beweis.

Dann spitzt sich die Geschichte dramatisch zu. Der Prinz muss, wie es so oft geht im Märchen, in den Krieg, und die Schöne ist mit ihren zwei kleinen Kindern der bösen Schwiegermutter, einer Menschenfresserin (!) hilflos ausgeliefert.

Alles läuft auf eine Entscheidung zu. Erst als der Prinz sich zu seiner jungen Familie bekennt, gelingt ihm die Ablösung von der Mutter. Diese wird, wie im Märchen üblich, mit einem schrecklichen Tod bestraft und die junge Familie kann ihr neues Leben beginnen. Etwas Altes stirbt, um etwas Neuem Platz zu machen. Eine Erkenntnis, die nicht nur auf die Pubertät, sondern auf viele Lebensphasen passt. Die Dornen weichen und die Rosen blühen auf.

Es waren einmal ein König und eine Königin, die hatten keine Kinder und waren darüber ganz betrübt. Sie gingen zwar in alle möglichen Bäder, sie sparten keine Gelübde und keine Pilgerfahrt; aber nichts wollte helfen. Endlich wurde die Königin dennoch guter Hoffnung

und kam mit einer Tochter nieder. Das war eine Freud; und um diese Tochter recht glücklich zu machen, bat man alle Feen aus dem ganzen Lande, deren sieben waren, zu Gevatterinnen, damit jede, so wie es damals unter den Feen üblich war, ein Geschenk zu machen und die Prinzessin auf diese Weise alle nur möglichen Vollkommenheiten erhalten möchte.
Nach der Taufe ging die ganze Gesellschaft in den königlichen Palast, wo man den Feen ein herrliches Gastmal gab. Jeder legte man ein prächtiges Gedeck auf, mit einem Futteral von gediegenem Golde, in welchem Messer, Gabel und Löffel steckten, alles von dem feinsten Golde, mit Diamanten und Rubinen besetzt. Da sich die ganze Gesellschaft schon zu Tische gesetzt hatte, öffnete sich die Tür, und die alte Fee trat herein, die nicht eingeladen worden war, weil sie nun seit länger als fünfzig Jahren nicht mehr ausging, und weil man glaubte, sie wäre in ihrem Turme gestorben oder verzaubert worden.
Der König ließ ihr auch ein Gedeck auflegen; aber es war unmöglich, ihr ein goldenes Besteck zu geben wie den andern, weil er nur sieben für die sieben Feen hatte machen lassen. Die Alte glaubte, es geschehe, um sie zu beleidigen, und murmelte etwas zwischen den Zähnen. Eine junge Fee, die neben ihr saß, hörte es und vermutete gleich, daß sie der kleinen Prinzessin irgendein schlimmes Geschenk machen würde. Sie versteckte sich daher nach aufgehobener Tafel hinter dem Wandteppich, um ihr Geschenk zuletzt zu übergeben und allenfalls das Böse wieder gut zu machen, welches die Alte dem Kinde antun würde.
Hierauf fingen die Feen an, die Prinzessin zu beschenken. Die jüngste verlieh ihr vollkommene Schönheit, die zweite ein Gemüt wie ein Engel; die dritte Reiz und Anmut in allem, was sie vornähme; die vierte die Kunst, schön zu tanzen; die fünfte wie eine Nachtigall zu singen; die sechste das Talent, alle Arten von Instrumenten auf das vollkommenste zu spielen. Als die Reihe an die Alte kam, schüttelte sie mit dem Kopfe und sagte, die Prinzessin würde sich mit einer Spindel in die Hand stechen und daran sterben.
Die ganze Gesellschaft erschrak über diese schreckliche Geschenk, und sie weinten allesamt wie Kinder. Aber in dem Augenblicke trat die junge Fee hinter dem Wandteppich hervor und sagte ganz laut zu der Königin: »Gebt Euch zufrieden; Eure Tochter wird nicht sterben. Es

steht zwar nicht in meiner Macht, die boshafte Absicht dieser Alten ganz zu vereiteln; die Prinzessin wird sich mit einer Spindel in die Hand stechen; aber statt zu sterben, wird sie in einen tiefen Schlaf fallen, aus welchem sie nach Verlauf von hundert Jahren durch den Sohn eines Königs aufgeweckt werden wird.« Dennoch ließ der König einen Befehl bekannt machen, durch welchen er jedermann verbot, an der Spindel zu spinnen, oder auch nur eine Spindel im Hause zu haben, bei Todesstrafe.

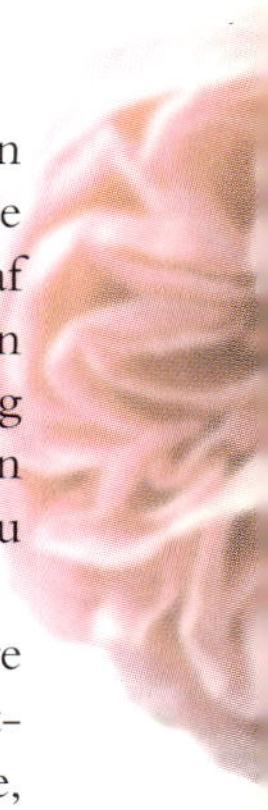

Eines Tages, da die Prinzessin schon etwa fünfzehn oder sechzehn Jahre alt war, begaben sich der König und die Königin auf eines ihrer Lustschlösser, und da trug sich's zu, daß die Prinzessin im ganzen Hause, Trepp' auf Trepp' ab, aus einer Stube in die andre lief und endlich auch in ein kleines Dachstübchen oben im Turme kam, wo sie ein altes Mütterchen fand, das saß und spann. Das alte Mütterchen hatte in seinem Dachstübchen von dem Befehle des Königs kein Wörtchen erfahren.

»Was macht Ihr denn da?« fragte die Prinzessin. »Ei, da spinne ich, schönes Kind«, versetzte die Alte, die die Prinzessin nicht kannte.

»Ach, das ist ja allerliebst!« antwortete diese. »Laßt mal sehn, wie Ihr's macht? Ich will doch sehn, ob ich es nachmachen kann.«

Die Alte gab ihr die Spindel, und wie sie dieselbe in die Hand nahm, stach sie sich damit, denn sie war etwas lebhaft und flattrig, und überdies war es der Wille der Feen, daß es so gehn mußte. Sie stach sich also und sank ohnmächtig nieder. Die Alte war vor Schrecken außer sich und schrie um Hilfe. Man eilte von allen Seiten herbei; man spritzte der Prinzessin Wasser ins Gesicht; sie lösten ihr die Schnürbrust auf; man rieb ihr Hände und Schläfe mit dem Wasser der Königin von Ungarn; alles war umsonst; sie kam nicht wieder zu sich.

Der König war indes auch herangekommen und erinnerte sich der Prophezeihung der Feen; und da er wohl einsah, daß man sich dem Willen der Feen nicht widersetzen könne, so ließ er die Prinzessin in das schönste Zimmer des Palasts tragen und auf ein prächtiges mit Gold und Silber durchwebtes Bett legen. Sie war schön wie ein Engel, denn die Ohnmacht hatte ihrer Farbe nichts von ihrem Glanze entzogen; ihre Wangen blühten wie Rosen und ihre Lippen wie Korallen. Nur die Augen hatte sie geschlossen, aber man hörte sie leise atmen und sah daraus gar wohl, daß sie nicht tot war. Der König befahl, sie ruhig schlafen zu lassen, bis die Stunde ihres Erwachens gekommen wäre.

Die gute Fee, die ihr das Leben gerettet hatte, indem sie sie zu einem hundertjährigen Schlafe bestimmte, befand sich eben in dem Königreich Mataquin, zwölftausend Meilen von dem Orte, wo sich diese Begebenheit zutrug; aber sie erhielt in wenigen Augenblicken durch einen Zwerg Nachricht davon, der Sieben-Meilen-Stiefel anhatte - dies waren Stiefel, mit denen man auf jeden Schritt sieben Meilen machte. Die Fee reiste nun auf die erhaltene Nachricht hin sogleich ab und kam in weniger als einer Stunde auf einem feurigen, mit Drachen bespannten Wagen an.

Der König reichte ihr die Hand und hob sie aus dem Wagen. Sie billigte alles, was er angeordnet hatte; aber bei ihrer außerordentlichen Voraussicht fiel ihr ein, daß, wenn die Prinzessin aufwachte, und sich in dem alten Schlosse allein fände, sie in große Verlegenheit geraten würde. Sie fand auch dafür ein Mittel. Sie berührte, außer dem Könige und der Königin, alles mit ihrem Zauberstabe, die Oberhofmeisterin, die Hofdamen, die Kammerfrauen, Schweizer, Pagen und Lakaien; sie berührte auch alle Pferde im Marstalle, samt den Reitknechten, die Hofhunde und den kleinen Fifi, das Schoßhündchen der Prinzessin, das neben ihrem Bette lag. Sowie sie etwas berührte, schlief es ein, um mit der Prinzessin zugleich wieder aufzuwachen und sie zu bedienen, wenn sie etwas nötig hätte. Auch die Bratspieße in der Küche, die voll Rebhühner und Fasanen staken, schliefen ein, und auch das Feuer schlief ein. Alles das geschah in einem Augenblick, denn die Feen machen in allem, was sie tun, nur kurzes Federlesen.

Hierauf küßten König und Königin ihre Tochter noch einmal, ohne daß sie davon aufwachte, verließen das Schloß und geboten durch ein Edikt, daß sich niemand dem Palast nähern sollte. Aber auch dieses Verbot war unnötig, denn in weniger als einer Viertelstunde wuchsen rund um das Schloß so viele Bäume und Sträucher, Dornen und Disteln, und diese waren alle so ineinander verflochten, daß weder Menschen noch Tiere hindurchdringen konnten. Nur noch die Turmspitze guckte heraus, und auch die sah man nur aus einer ziemlichen

Entfernung. Man hatte allen Grund zu glauben, daß auch dieses ein Werk der Fee sei, damit die Prinzessin während ihres Schlafs nichts von neugierigen Leuten zu fürchten hätte.

Nach Verlauf von hundert Jahren ging der Sohn des regierenden Königs, der aus einer anderen Familie war als die schlafende Prinzessin, auf die Jagd, und da es sich traf, daß er in die Gegend des Waldes kam, wo das Schloß lag, fragte er, was das für Türme wären, die aus dem Dickicht des Waldes herausragten. Jeder antwortete ihm so gut er konnte, und was er selbst davon gehört hatte, der eine sagte, es wäre ein altes Schloß, worin es spuke; der andere, daß die Zauberer der Umgegend hier ihren Sabbat abhielten; die verbreitetste Meinung aber war, daß ein Menschenfresser darin wohne, der alle kleinen Kinder raube, die ihm in die Fänge kämen, und sie dort ruhig verzehre, weil ihm niemand nachfolgen könne und nur er allein den Weg durch das dicke Gebüsch wisse.

Endlich aber nahm ein alter Bauer das Wort und sagte zu dem Prinzen: »Durchlauchtiger Prinz, es ist nun länger als fünfzig Jahre, daß ich meinen Vater habe sagen hören, es läge in diesem Schlosse eine wunderschöne Prinzessin, welche hundert Jahre schlafen und dann von einem Prinzen aufgeweckt werden sollte, dem sie bestimmt wäre.« Als der Prinz dieses hörte, geriet er in Feuer und Flammen und zweifelte keinen Augenblick, daß er bestimmt sei, dieses schöne Abenteuer zu bestehen.

Er beschloß auf der Stelle, alles auszukundschaften. Er näherte sich dem Dickicht, und bei jedem Schritt, den er tat, machten ihm die Dornen und Disteln von selbst Platz und ließen ihn durch. So kam er endlich an das Schloß, das er am Ende einer langen Allee liegen sah. Keiner von seinen Leuten hatte ihm folgen können, weil die Bäume und Sträucher es ihnen nicht erlaubt hatten, sondern wieder näher zusammengerückt waren. Obwohl er sich ein wenig hierüber wunderte, so setzte er dennoch seinen Weg weiter fort, denn einem jungen und verliebten Prinzen fehlt es niemals an Mut.

Er kam hierauf in einen großen Vorhof, wo ihm doch beinahe der Mut vergangen wäre. Ringsum herrschte die schrecklichste Stille; überall

sah man das Bild des Todes. Eine Menge Körper von Menschen und Tieren lagen hier ausgestreckt. Er hielt sie anfänglich für tot, aber an den kupfrigen Nasen der Türhüter und ihren roten Gesichtern sah er, daß sie nur schliefen; und die Gläser, die neben ihnen standen und in welchen sich noch einige Tropfen befanden, verrieten, daß sie während des Trinkens eingeschlafen waren.
Er kam hierauf in einen anderen großen Hof, der mit Marmor gepflastert war. Er stieg die Treppe hinauf und kam in den Saal der Wache, wo die Garden in einer Reihe standen, die Gewehre geschultert hatten und laut schnarchten. So ging er durch mehrere Zimmer, in denen er eine Menge Herren und Damen fand, die alle schliefen, einige sitzend, andere stehend. Endlich kam er in ein schönes Zimmer, das über und über vergoldet war; hier sah er auf einem Bette, dessen Vorhänge an allen Seiten offen waren, das schönste Schauspiel von der Welt: eine Prinzessin von etwa fünfzehn oder sechzehn Jahren, die in ihrem Gesicht etwas Zärtliches und Verklärtes zu haben schien.
Zitternd und voll Verwunderung näherte er sich ihr und sank neben dem Bette auf die Knie. In diesem Augenblick endete die Bezauberung. Die Prinzessin wachte auf und sah ihn mit so zärtlichen Augen an, als hätte sie ihn schon lange gesehen.

*»Sind Sie es mein Prinz?
Sie haben lange auf sich warten lassen!«*

Der Prinz war entzückt über diese Worte und noch mehr über die Art, mit der sie sie vorbrachte. Er wußte gar nicht, wie er ihr seine Freude und Ergebenheit bezeigen sollte. Er versicherte also, daß er sie mehr als sich selbst liebe. Seine Worte waren schlecht gesetzt, aber sie gefielen der Prinzessin nur um so mehr; denn je verliebter man ist, desto unberedter ist man. Er war überhaupt in weit größerer Verlegenheit als sie, und das ging auch sehr natürlich zu; denn sie hatte Zeit genug gehabt, über ihre Reden nachzudenken, und es ist sehr wahrscheinlich (obgleich die Geschichte nichts davon sagt), daß die gute Fee sie die ganze Zeit über mit angenehmen Träumen unterhalten hatte, um ihr den langen Schlaf zu verkürzen.

Und in der Tat hatte sie diese Zeit so gut angewandt, daß sie vier Stunden lang miteinander sprachen, ohne sich auch nur die Hälfte von dem gesagt zu haben, was sie sich zu sagen hatten.
Indessen war zugleich mit der Prinzessin alles im Schlosse aufgewacht; jeder war wieder an seine Arbeit gegangen, und da sie nicht alle verliebt waren, so fühlten sie einen schrecklichen Hunger. Die Hofdame, welche den Dienst hatte und ebenso hungrig war wie die anderen, sagte der Prinzessin einmal über das andere, die Suppe wäre aufgetragen. Der Prinz half ihr endlich vom Bette auf. Sie war ganz angezogen und in den reichsten Kleidern; aber er sagte ihr freilich nicht, daß sie mit der Zeit etwas altmodisch geworden waren; denn sie hatte noch einen hohen steif stehenden Kragen, wie seine Urgroßmutter ihn getragen hatte. Sie war aber deswegen nicht weniger schön.
Sie gingen nun zusammen in den Spiegelsaal und setzten sich zur Tafel, wobei die Hofbedienten der Prinzessin aufwarteten. Während der Mahlzeit wurde Musik gemacht, und die Kapelle spielte einige Stücke, die vortrefflich waren, obwohl man sie seit hundert Jahren nicht mehr gespielt hatte. Nach aufgehobener Tafel traute sie der Hof-Kaplan in der Schloß-Kirche, und die Hofdamen brachten die Prinzessin zu Bett. Sie schliefen wenig, denn die Prinzessin hatte Schlaf nicht nötig, und der Prinz stand bei Anbruch des Tages auf und kehrte nach der Stadt zurück, wo sein Vater wegen seines Ausbleibens in großer Sorge war.
Der Prinz gab vor, sich auf der Jagd im Walde verirrt zu haben, und da habe ihn ein Köhler in seine Hütte aufgenommen und mit scharzem Brot und Käse bewirtet. Der König war ein sehr guter Mann und glaubte es, aber die Königin war nicht so leicht zu bereden; und da sie sah, daß er fast alle Tage auf die Jagd ging und immer eine Ausflucht hatte, wenn er zwei oder drei Nächte nicht nach Hause gekommen war, so schöpfte sie Verdacht und verfiel auf die Vermutung, er müsse irgendwo ein Liebchen haben, denn er lebte länger als zwei Jahre mit der Prinzessin auf diesem Fuße, und sie schenkte ihm zwei Kinder, von denen sie das erste, welches ein Mädchen war, Prinzessin Morgenröte, und das zweite, einen Sohn, Prinz Tag nannte, weil er noch schöner war als seine Schwester.

Die Königin, um ihren Sohn zum Geständnis zu bringen, sagte mehrmals zu ihm, daß man sein Leben genießen müsse und daß man sich seiner Schwachheit in gewissen Punkten nicht zu schämen habe, aber er wagte es nicht, ihr sein Geheimnis anzuvertrauen, denn er fürchtete sie, so sehr er sie auch liebte, weil sie aus einem Menschenfressergeschlecht stammte - sein Vater hatte sie bloß ihrer ungeheuren Reichtümer wegen geheiratet. Man sagte sich auch am Hofe ins Ohr, daß sie alle Begierden der Menschenfresser hätte; und wenn sie kleine Kinder vorbeigehen sähe, sich kaum enthalten könne, sie zu fressen. Darum wollte ihr der Prinz nichts sagen. Aber da der König nach Verlaufe von zwei Jahren gestorben war und der Prinz nun freie Hand bekam, kündigte er seine Heirat an und holte seine Gemahlin mit großen Zeremonien aus ihrem Schlosse. Sie zog mit vielem Pomp in die Hauptstadt ein und hatte ihre beiden Kinder neben sich.
Kurze Zeit darauf bekriegte ihr Gemahl den Kaiser Cantalabutte, seinen Nachbarn. Die Verwaltung des Reichs überließ er seiner Mutter und empfahl ihr seine Gemahlin und Kinder auf das nachdrücklichste. Er mußte den ganzen Sommer über fernbleiben, und sobald er ins Feld gezogen war, schickte seine Mutter ihre Schwiegertochter und ihre Enkel in ein entlegenes Landhaus mitten im Walde, um dort ihre abscheulichen Gelüste besser befriedigen zu können.
Einige Tage darauf folgte sie ihnen selbst nach, ließ vor dem Schlafengehen ihren Haushofmeister zu sich kommen und sagte zu ihm: »Morgen mittag will ich die kleine Morgenröte speisen.«
»Um Gottes willen, Ihre Majestät!« rief der Haushofmeister.
»Ohne Widerrede«, versetzte die Königin (sie sagte dies mit dem Tone eines Menschenfressers, den nach frischem Fleische gelüstet), »und zwar will ich sie mit einer sauren Zwiebelbrühe essen.«
Der arme Mann, der wohl sah, daß ein Menschenfresser in diesem Punkt keinen Spaß verstand, nahm sein großes Messer und ging in die Kammer der kleinen Morgenröte. Sie war damals vier Jahre alt und sprang ihm lächelnd an den Hals und bat ihn um Zuckerwerk. Er fing an zu weinen, das Messer fiel ihm aus der Hand; er begab sich in den Hof, schnitt einem jährigen Lamm die Gurgel durch und machte eine so gute Brühe, daß ihm seine Herrin sagte, sie hätte zeit ihres Lebens

so was Gutes nicht gegessen. Zu gleicher Zeit hatte er die kleine Morgenröte mitgenommen und sie zu seiner Frau gebracht, um sie in einer geheimen Kammer zu verbergen, welche er unten im Hofe hatte. Acht Tage drauf sagte die Königin wieder zu ihrem Haushofmeister: »Ich will morgen abend den kleinen Tag essen.«
Er antwortete nichts, sondern beschloß, sie wie das erstemal zu betrügen. Hierauf ging er zu dem kleinen Tag, der eben ein kleines Rapier in der Hand hatte und mit einem großen Affen herumfocht, und gleichwohl war er erst drei Jahre alt. Er brachte ihn ebenfalls zu seiner Frau, um ihn der kleinen Morgenröte zu gesellen, und statt des kleinen Tag tischte er der Königin ein junges zartes Reh auf, das sie außerordentlich schmackhaft fand.
Bis dahin ging alles gut. Aber eines Tages sagte die Königin wieder zu ihrem Haushofmeister: »Morgen will ich meine Schwiegertochter essen, und zwar mit derselben Brühe wie ihre Kinder.«
Diesmal geriet der arme Haushofmeister in eine wahre Verzweiflung, weil er nicht wußte, wie er sie betrügen sollte. Die junge Königin war ohne die hundert Jahre, die sie verschlafen hatte, etwas über zwanzig Jahre alt und ihre Haut war etwas hart, obgleich weiß und schön; und wie sollte er ein Tier finden, das so hart wäre wie sie?
Er faßte also den Entschluß, der Königin ohne Barmherzigkeit die Kehle durchzuschneiden, um sein eignes Leben zu retten, und begab sich in dieser Absicht auf ihr Zimmer. Er suchte sich, soviel es ihm möglich war, in Wut zu setzen und trat mit dem Dolche in der Hand in das Zimmer der jungen Königin. Indessen konnte er es doch nicht über das Herz bringen, sie so sehr zu überraschen, sondern überbrachte ihr den Befehl ihrer Schwiegermutter mit dem größten Respekt. »Wohlan«, sagte sie, und reckte ihm den Hals hin, »führt den Befehl aus, den man Euch gegeben hat; ich werde meine Kinder wiedersehn, meine armen Kinder, die ihr Raub geworden sind, die ich so sehr liebte.« Denn sie hielt sie für tot, seit sie ihr heimlich entführt worden waren.
»Nein, nein, Madame«, antwortete der arme Haushofmeister gerührt, »Sie sollen nicht sterben und sollen Ihre Kinderchen doch wiedersehn.

Ich will die Königin noch einmal betrügen und ihr eine junge Hirschkuh an Ihrer Stelle auftischen.«

Er führte sie hierauf in die Kammer, in der ihre Kinder waren, die ihr um den Hals fielen, und er ließ sie dort, um eine Hirschkuh zu bereiten, die die Alte auch mit dem größten Appetit aß, als wenn es die junge Königin selbst gewesen wäre. Sie freute sich unbändig über ihre Grausamkeit und machte sich gefaßt, dem Könige bei seiner Rückkehr zu sagen, daß seine Gemahlin und seine beiden Kinder von wütenden Wölfen gefressen worden wären.

Als sie aber eines Abends in den Höfen des Schlosses umherschlich, um ihrer Gewohnheit nach frisches Menschenfleisch aufzustöbern, hörte sie unten im Saale den kleinen Tag weinen, dem seine Mutter die Rute geben wollte, weil er unartig gewesen war, und zu gleicher Zeit hörte sie auch, daß die kleine Morgenröte für ihren Bruder um Verzeihung bat. Die Königin erkannte die Stimme ihrer Schwiegertochter und ihrer Enkel und geriet in Wut, weil sie sich betrogen sah. Sie befahl sogleich am andern Morgen mit einer fürchterlichen Stimme, vor welcher alles zitterte, eine große Tonne in den Hof zu bringen und sie mit Kröten, Schlangen und Ottern anzufüllen, um die Königin, ihre Kinder, den Haushofmeister, seine Frau und seine Magd hineinzuwerfen.

Sie hatte den Befehl gegeben, sie mit gebundenen Händen herbeizuführen; die Henker waren schon im Begriffe, sie in die Tonne hineinzustürzen, als der König, den man so bald nicht erwartet hatte, in den Hof geritten kam. Er war ganz erstaunt über das fürchterliche Schauspiel, das sich ihm bot, und fragte, was es bedeuten solle? Niemand wagte es, ihm Auskunft darüber zu geben, als seine Mutter sich wütend in die Tonne stürzte und sogleich von den giftigen Tieren aufgefressen wurde. Der König war darüber betrübt, denn sie war seine Mutter, aber er tröstete sich bald in den Armen seiner schönen Gemahlin und seiner liebenswerten Kinder.

Moral

Zu warten eine Weile auf den Mann,
der reich ist, schön, galant und sanft,
ist wohl natürlich auf der Welt;
doch hundert Jahre schlafend auszuharren!
Man findet keine Mädchen mehr,
die so in Ruhe schlafen können!
Dies Märchen scheint uns zu erklären:
Oft machen Hymens angenehme Bande
nicht minder glücklich, sind sie nicht
so schnell geknüpft;
denn man verliert durch Warten nichts.
Doch dies Geschlecht mit so viel Feuer
verlangt gar sehr nach ehelichem Bund,
und ich hab' nicht die Kraft und nicht das Herz,
zu pred'gen ihm Moral.

Die Schöne und das Biest

Jeanne-Marie Leprince de Beaumont

Eigentlich hat sich die Schöne alles selbst eingebrockt. Sie steht auf der Schwelle zum Erwachsensein und träumt heimlich von einer romantischen Beziehung – dafür steht ihr Wunsch nach einer Rose – gleichzeitig fürchtet sie sich vor dem männlichen Element. Kein Wunder also, dass sie seine animalische Seite zunächst abstoßend findet. Das Bild vom Tierbräutigam, der erst durch die erwachende Liebe eines Mädchens erlöst werden kann, kommt auch in einem anderen Rosenmärchen, dem von »Schneeweißchen und Rosenrot« vor. In beiden Märchen gehen die jungen Frauen durch eine Phase der Annäherung, bis sie bereit sind für eine reife, gefühlvolle Beziehung.
Doch ein männliches Wesen gibt es schon im Leben der Prinzessin und ihm hat sie ihr ganzes Vertrauen geschenkt: ihrem Vater. Er nimmt auch ihre erwachende Sehnsucht nach Erotik wahr und erfüllt ihr unter Einsatz seines Lebens den Wunsch nach einer Rose. Die Todesdrohung gegen ihn markiert den Beginn einer neuen Phase in der Eltern-Kind-Beziehung. Die Tochter erlebt den Vater als machtlos, es ist an ihr, ihn zu retten. Allmählich weicht der väterliche Einfluss, macht Platz für eine wachsende Vertrautheit mit einem Mann, der außerhalb der eigenen Familie steht. Aber erst als sie sich ganz für ihn entscheidet, ist der böse Zauber gelöst und der Weg frei für ein rosenrotes Happy-end.

Es war einmal ein Kaufmann, der war sehr reich. Er hatte drei Töchter, und da er ein kluger Mann war, sparte er nicht an ihrer Erziehung und ließ sie von den besten Lehrern unterrichten.
Die drei Schwestern waren sehr schön, besonders die jüngste wurde bewundert, und man nannte sie von klein auf nur »die Schöne«, so daß der Name ihr blieb; dies weckte die Eifersucht der älteren.
Aber die jüngste war nicht nur schöner als ihre Schwestern, sie war auch besser als sie. Die beiden ältesten waren sehr hochmütig, weil sie reich waren; sie spielten die Damen und wollten die andern Kaufmannstöchter nicht bei sich empfangen; sie suchten nur die Gesell-

schaft von Edelleuten. Täglich gingen sie auf den Ball oder ins Theater; sie machten Spaziergänge und verspotteten ihre jüngste Schwester, die den größten Teil ihrer Zeit damit verbrachte, gute Bücher zu lesen.
Da der Reichtum dieser Mädchen bekannt war, hielten mehrere reiche Kaufleute um sie an; aber die beiden ältesten wollten wenigstens einen Grafen, wenn nicht gar einen Herzog heiraten. Die Schöne dankte ihren Freiern mit freundlicher Würde, sagte aber, sie sei noch zu jung und wolle ihrem Vater noch einige Jahre Gesellschaft leisten.
Plötzlich verlor der Kaufmann sein ganzes Vermögen, und alles, was ihm blieb, war ein kleines Landhaus, fern von der Stadt. Unter Tränen teilte er seinen Kindern mit, daß sie von jetzt an dort wohnen müßten, und wenn sie arbeiteten wie die Bauern, könnten sie ihr Leben verdienen. Die beiden älteren Töchter weigerten sich, die Stadt zu verlassen, denn sie glaubten nicht anders, als daß unter ihren zahlreichen Freiern mehrere sich glücklich schätzen würden, sie auch ohne Vermögen zu heiraten. Die jungen Damen aber täuschten sich: seit sie arm waren, beachteten die Freier sie überhaupt nicht mehr. Niemand konnte sie leiden, weil sie so hochmütig waren. Mit der Schönen aber hatte man Mitleid, weil sie so gut war, so sanft und so lauter. Einige Edelleute wollten sie sogar heiraten, selbst ohne Vermögen, aber sie konnte sich nicht entschließen, ihren armen Vater zu verlassen.
Die Schöne war zwar sehr niedergeschlagen, als sie Ihr Vermögen verlor, aber sie sagte sich:

Durch Tränen gewinne ich unsern früheren Besitz nicht zurück; man muß versuchen, auch ohne Geld glücklich zu sein.

Der Kaufmann bestellte das Feld. Die Schöne stand um vier Uhr morgens auf; sie säuberte schnell das Haus und bereitete das Frühstück für die Familie. Zuerst fiel es ihr schwer, denn sie war die grobe Arbeit nicht gewöhnt, aber nach zwei Monaten wurde sie kräftiger, und die Bewegung war ihrer Gesundheit zuträglich. Nach der Arbeit las sie, spielte Klavier oder sang beim Spinnen. Ihre Schwestern dagegen

langweilten sich zu Tode; sie standen um zehn Uhr morgens auf, gingen den ganzen Tag spazieren und trauerten um ihre schönen Kleider und die Gesellschaft. »Seht doch unsere Jüngste«, sagten sie, »sie hat eine so niedrige und stupide Seele, daß sie sich über ihre unglückliche Lage freut.«

Der gute Kaufmann aber bewunderte die Tugend seiner Jüngsten, vor allem ihre Geduld; denn ihre Schwestern, nicht genug, daß sie ihr die ganze Hausarbeit überließen, sie beschimpften sie noch obendrein, sobald sich eine Gelegenheit bot. So lebte die Familie schon ein Jahr in der Einsamkeit, als der Kaufmann einen Brief erhielt, worin ihm mitgeteilt wurde, daß ein Schiff mit Waren, die ihm gehörten, glücklich im Hafen angelangt sei. Diese Nachricht stieg den ältesten Schwestern in den Kopf, und sie glaubten, nun endlich das Land verlassen zu können, wo sie sich so sehr langweilten. Als ihr Vater reisefertig war, baten sie ihn, ihnen Kleider, Pelerinen, Kopfputz und alle möglichen Kleinigkeiten mitzubringen. Die Schöne bat ihn um nichts; denn sie dachte bei sich, daß der ganze Erlös der Waren nicht ausreichen würde, um die Wünsche der Schwestern zu befriedigen.

»Hast du denn gar keinen Wunsch?« fragte ihr Vater.

»Da Ihr die Güte habt, an mich zu denken, Vater, bitte ich Euch, mir eine Rose mitzubringen.«

Der gute Vater reiste ab, aber man machte ihm einen Prozeß wegen seiner Waren, und nach großen Unannehmlichkeiten kehrte er genauso arm zurück, wie er abgereist war.

Es waren nur noch dreißig Meilen bis zu seinem Haus, und er freute sich schon auf seine Kinder, aber in dem großen Wald, den er durchqueren mußte, verirrte er sich. Es schneite heftig, der Wind blies so stark, daß er ihn zweimal vom Pferde wehte, und als es Nacht wurde, glaubte er an Hunger oder Kälte zugrunde zu gehen, wenn nicht gar von den Wölfen gefressen zu werden, die er ringsumher heulen hörte. Plötzlich erblickte er am Ende einer langen Baumallee ein helles Licht. Er ging in der Richtung weiter, und bald sah er ein hell erleuchtetes Schloß vor sich. Er beeilte sich, es zu erreichen, aber zu seiner Verwunderung waren die Höfe ganz leer. Sein Pferd, das ihm folgte, ging geradewegs in einen offenstehenden Stall hinein und fand dort Heu und Hafer in Hülle und Fülle. Gierig begann das arme, verhungerte Tier zu fressen. Der Kaufmann ging ins Haus, fand aber auch dort keine Menschenseele; in einem großen Saal brannte jedoch ein lustiges Feuer, und eine mit Speisen reichbesetzte Tafel war für eine Person gedeckt. Da Regen und Schnee ihn bis auf die Haut durchnäßt hatten, trat er ans Feuer, um sich zu trocknen. Er wartete eine beträchtliche Zeit, aber da es elf Uhr geschlagen hatte, ohne daß der Herr des Hauses oder ein Diener sich zeigten, konnte er seinen Hunger nicht mehr bezähmen: er nahm ein Huhn, und zitternd verschlang er es in zwei Bissen; auch trank er einige Schlucke Wein. Dann, kühner geworden, verließ er den Saal und durchschritt mehrere große prachtvoll möblierte Räume. Schließlich fand er ein Zimmer, in dem ein gutes Bett bereitstand, und da Mitternacht vorüber war, beschloß er, die Tür abzusperren und sich schlafen zu legen. Es war schon zehn Uhr morgens, als er aufwachte, und zu seiner Überraschung fand er an Stelle seiner alten, schmutzigen Kleider ein sauberes Gewand. Er sah aus dem Fenster: der Schnee war verschwunden und herrliche Blumenbeete breiteten sich vor ihm aus, die sein Auge entzückten.

»Sicher gehört dieses Schloß einer guten Fee«, sagte er zu sich, »die Mitleid mit mir hatte.«

Er kehrte in den großen Saal zurück, wo er abends zuvor gespeist hatte, und sah ein Tischchen, auf dem Schokolade dampfte. »Ich danke Euch, gnädige Frau Fee«, sagte er laut, »daß Ihr die Güte hattet, an mein Frühstück zu denken.«

Nachdem er die Schokolade getrunken hatte, ging er hinaus, um sein Pferd aus dem Stall zu holen; da kam er an einem Rosenbeet vorüber, und es fiel ihm ein, daß die Schöne sich eine Rose gewünscht hatte, und er brach einen Rosenzweig. Im gleichen Augenblick hörte er einen furchtbaren Lärm und sah ein so schreckliches Tier auf sich zustürzen, daß er beinahe das Bewußtsein verlor.

»Undankbarer!« rief das Tier mit furchtbarer Stimme. »Ich habe Euch das Leben gerettet, indem ich Euch in meinem Schloß aufnahm, und dafür stehlt Ihr mir meine Rosen, die ich über alles in der Welt liebe! Ihr müßt sterben, um diese Schuld zu sühnen: Ihr habt eine Viertelstunde, um Gottes Erbarmen zu erflehen!«

Der Kaufmann warf sich auf die Knie, und während er die Hände faltete, sagte er zu dem Tier:

»Verzeiht mir, gnädiger Herr, ich glaubte Euch nicht zu kränken, als ich eine Rose pflückte; sie war für meine Tochter bestimmt, die sie sich gewünscht hatte.«

»Ich heiße nicht »gnädiger Herr«, erwiderte das Ungeheuer, »sondern »das Tier«! Höflichkeiten sind mir verhaßt! Ich will, daß man sagt, was man denkt. Ihr habt Töchter, wie Ihr sagt. Ich will Euch verzeihen, wenn eine Eurer Töchter freiwillig hierherkommt, um an Eurer Stelle zu sterben. Widersprecht nicht, sondern geht und schwört mir, daß Ihr in drei Monaten zurückkehrt, wenn Eure Tochter sich weigern sollte, für Euch zu sterben.«

Der gute Mann hatte nicht die Absicht, diesem gräßlichen Ungeheuer eine seiner Töchter zu opfern, aber er dachte, so könne er sie wenigstens noch einmal umarmen.

Also schwor er, zurückzukehren, und das Tier sagte, er könne gehen; es fügte hinzu: »Ich will nicht, daß Ihr mit leeren Händen geht; in Eurem Schlafzimmer findet Ihr eine große Truhe; Ihr könnt hineintun, was Euch gefällt, ich lasse sie in Euer Haus schaffen.«

Mit diesen Worten zog das Tier sich zurück, und der gute Mann dachte: »Wenn ich auch sterben muß, so habe ich wenigstens den Trost, meinen armen Kindern Brot zu hinterlassen.«

Er füllte die Truhe mit Goldstücken, verschloß sie, holte sein Pferd aus dem Stall und verließ das Schloß ebenso traurig, wie er es freudig betreten hatte. Sein Pferd fand von selbst den Weg durch den Wald, und in wenigen Stunden gelangte der Kaufmann zu seinem Häuschen. Seine Kinder umringten ihn, aber anstatt sich über ihre Liebkosungen zu freuen, brach der Vater in Tränen aus. In der Hand hielt er einen Rosenzweig, den er der Schönen mitgebracht hatte; er reichte ihn ihr mit den Worten:

»Schöne, nimm diese Rosen, sie werden deinen unglücklichen Vater teuer zu stehen kommen.«

Und er erzählte seinen Kindern, welches Unglück über ihn gekommen war. Als sie das hörten, schrien die beiden Ältesten laut und beschimpften die Schöne, die nicht weinte:

»Seht nur den Hochmut dieser erbärmlichen Kreatur«, riefen sie, »konnte sie nicht um Putz bitten wie wir? Aber nein, das gnädige Fräulein wollte etwas Besonderes haben. Sie wird den Tod unseres Vaters auf dem Gewissen haben, und sie weint nicht einmal!«
»Warum sollte ich meinen Vater beweinen«, erwiderte die Schöne; »er wird nicht sterben. Da das Ungeheuer eine seiner Töchter annehmen will, werde ich mich ihm ausliefern, und ich bin glücklich, meinem Vater dadurch zu beweisen, wie zärtlich ich ihn liebe.«
Der Vater, tief gerührt von dem Edelmut der Schönen, lehnte ihr Opfer ab. Er sei alt, es bleibe ihm sowieso nur noch kurze Zeit zu leben, aber die Schöne duldete keine Widerrede und bestand darauf, sich in das Schloß des Ungeheuers zu begeben.
»Besser, das Ungeheuer frißt mich, als daß ich vor Kummer um Euren Verlust sterbe«, sagte sie.
Als die Schöne mit ihrem Vater das Haus verließ, rieben sich die beiden bösen Schwestern die Augen mit Zwiebeln ein, um zu weinen, und auch der Kaufmann weinte; die Schöne aber weinte nicht, weil sie seinen Schmerz nicht noch verschlimmern wollte. Gegen Abend sahen sie das erleuchtete Schloß vor sich. Das Pferd ging von allein in den Stall, und der Kaufmann trat mit seiner Tochter in den großen Saal, wo sie eine prachtvoll gedeckte Tafel für zwei Personen vorfanden. Der Vater hatte nicht das Herz, zu essen, aber die Schöne, die sich bemühte, ruhig zu erscheinen, setzte sich zu Tisch und bediente sich.
Als sie gegessen hatten, hörten sie einen furchtbaren Lärm, und weinend verabschiedete sich der Vater von seiner Tochter, denn er dachte, das Tier käme, um sie zu fressen. Die Schöne erzitterte beim Anblick dieses furchbaren Hauptes, aber sie nahm sich zusammen, so gut sie konnte, und als das Ungeheuer sie fragte, ob sie freiwillig gekommen sei, antwortete sie zitternd: »Ja.«
»Ihr habt ein gutes Herz«, sagte das Tier, »und ich bin Euch sehr dankbar. Ihr, guter Mann, reist morgen früh heim, und laßt es Euch nicht einfallen, je wiederzukommen. Lebt wohl, Schöne!«
»Lebt wohl, Tier«, erwiderte sie. Und das Ungeheuer zog sich zurück.
»Ach, liebe Tochter«, rief der Kaufmann, indem er die Schöne umarm-

te, »ich bin halb tot vor Entsetzen. Glaube mir, ich bin es, der hierbleiben muß.«
»Nein, lieber Vater«, sagte die Schöne entschlossen. »Ihr kehrt morgen früh heim und überlaßt mich meiner Bestimmung.«
Sie legten sich zu Bett in der Meinung, die ganze Nacht nicht zu schlafen, aber kaum lagen sie, als ihnen die Augen zufielen. Im Schlaf sah die Schöne eine Dame, die sprach zu ihr:
»Ich freue mich über dein gutes Herz; daß du dein Leben für das deines Vaters geben willst, soll nicht unbelohnt bleiben.«
Am Morgen erzählte die Schöne ihrem Vater diesen Traum und obwohl er ihn ein wenig tröstete, schluchzte er dennoch herzzerbrechend, als er sich von seiner Tochter verabschieden mußte.
Als er fort war, setzte sich die Schöne in den großen Saal und begann auch zu weinen; aber da sie sehr mutig war, beschloß sie, die kurze Zeit, die ihr zu leben blieb, nicht zu vertrauern, denn sie war fest überzeugt, daß das Tier sie am Abend fressen würde. Sie beschloß, inzwischen das schöne Schloß zu besichtigen. Sie konnte nicht umhin, dessen Schönheit zu bewundern. Aber sie war höchst erstaunt, eine Tür zu finden, auf der geschrieben stand: »Wohnung der Schönen«. Schnell öffnete sie die Tür und war geblendet von der Pracht, die dort herrschte; was sie aber am meisten verwunderte, war eine große Bibliothek , ein Klavier und mehrere Notenbücher.
»Wenn ich hier nur einen Tag leben sollte, hätte man mir nicht so viele Bücher hingestellt. Ich soll mich nicht langweilen«, dachte sie und faßte neuen Mut. Sie öffnete ein Buch; darin stand in goldenen Buchstaben geschrieben:
»Wünscht und befehlt! Ihr seid hier die Königin und die Herrin!«
»Ach«, seufzte sie, »ich wünsche ja nichts weiter, als meinen Vater zu sehen und zu wissen, was er jetzt tut.«
Da fiel ihr Blick auf einen großen Spiegel, und zu ihrer höchsten Überraschung sah sie ihr Haus, wo ihr Vater gerade mit äußerst bekümmerter Miene ankam. Ihre Schwestern kamen ihm entgegengelaufen, und trotz der Gesichter, die sie schnitten, um traurig zu erscheinen, konnten sie ihre Freude über den Verlust ihrer Schwester nicht verbergen. Einen Augenblick später war alles verschwunden, und die Schöne

konnte nicht umhin, das Tier sehr gefällig zu finden; und es kam ihr der Gedanke, daß sie nichts von ihm zu fürchten brauche. Mittags fand sie den Tisch gedeckt und hörte schöne Musik, obgleich sie keine Menschenseele sah.

Abends, als sie sich zu Tisch setzen wollte, hörte sie das Geräusch des Tieres und erzitterte.

»Schöne«, sagte das Ungeheuer, »darf ich Euch beim Essen zuschauen?«

»Ihr seid hier der Herr«, erwiderte die Schöne zitternd.

»Nein«, erwiderte das Tier, »hier gibt es nur eine Herrin, und die seid Ihr. Ihr braucht mir nur zu sagen, wenn ich Euch belästige, dann gehe ich sofort. Sagt, findet Ihr mich sehr häßlich?«

»Es ist wahr«, sagte die Schöne, »denn ich kann nicht lügen, aber ich glaube, Ihr seid sehr gut.«

»Ihr habt recht«, sagte das Tier, »aber abgesehen von meiner Häßlichkeit, ich bin nicht klug; ich weiß wohl, daß ich nur ein Tier bin.«

»Man ist nicht dumm, wenn man glaubt, nicht klug zu sein. Ein Dummkopf kann so etwas gar nicht denken«, erwiderte die Schöne.

»Eßt nur, Schöne«, sagte das Ungeheuer, »und versucht, Euch nicht zu sehr in Eurem Haus zu langweilen, dann alles hier gehört Euch, und es würde mir Kummer bereiten, wenn Ihr unzufrieden wäret.«

»Ihr seid sehr gütig«, sagte die Schöne. »Ich gestehe, daß Euer Herz mir Freude bereitet, und wenn ich das bedenke, dann scheint Ihr mir gar nicht so häßlich.«

»Oh ja, Dame!« antwortete das Tier. »Ich habe ein gutes Herz, aber ich bin ein Ungeheuer.«

»Es gibt viele Menschen, die schlimmere Ungeheuer sind als Ihr, und ich habe Euch lieber mit Eurer Gestalt als jene, die hinter einem menschlichen Antlitz ein falsches, verlogenes, undankbares Herz verbergen.«

»Hätte ich Geist, würde ich Euch mit einem schönen Kompliment danken; aber ich bin dumm, und alles, was ich sagen kann, ist, daß ich Euch sehr dankbar bin.«

Die Schöne aß mit gutem Appetit. Sie fürchtete sich fast gar nicht mehr vor dem Tier, aber sie wäre beinahe vor Entsetzen gestorben, als es fragte: »Schöne, wollt Ihr meine Frau werden?«

Zuerst antwortete sie nicht: sie fürchtete, den Zorn des Ungeheuers herauszufordern, wenn sie ablehnte; dennoch sagte sie zitternd:
»Nein, Tier.«
Das arme Ungeheuer wollte seufzen, aber das verursachte ein so entsetzliches Geheul, daß der ganze Palast davon dröhnte. Bald aber beruhigte sich die Schöne wieder, denn das Tier hatte traurig gesagt:
»Dann lebt wohl, Schöne.«
Und es verließ den Saal, nicht ohne sich von Zeit zu Zeit umzuwenden, um die Schöne noch einmal zu betrachten.
»Ach«, dachte diese, von Mitleid für das Tier erfüllt, »wie schade, daß es so häßlich ist, es hat so ein gutes Herz.«
Die Schöne verbrachte drei ruhige Monate in diesem Schloß. Jeden Abend kam das Tier, um ihr beim Essen Gesellschaft zu leisten; es unterhielt sich sehr verständig, ohne jedoch das zu zeigen, was man in der Gesellschaft »Geist« nennt. Täglich entdeckte die Schöne neue gute Eigenschaften an ihm. Sie hatte sich an seine Häßlichkeit gewöhnt und sah sogar oft mit Ungeduld auf die Uhr, ob es nicht bald neun sei; denn das Tier hielt diese Stunde immer pünktlich ein. Nur eins bekümmerte die Schöne: daß das Untier, bevor es sich verabschiedete, jedesmal fragte, ob sie seine Frau werden wolle, und es so schmerzvoll empfand, wenn sie »Nein« antwortete.
Eines Tages sagte sie: »Tier, Ihr macht mir Kummer. Ich wünschte, ich könnte Euch heiraten, aber es ist mir unmöglich, vorzugeben, daß dies je geschehen wird. Jedoch bleibe ich immer Eure Freundin; versucht, Euch damit abzufinden.«
»Versprecht mir, mich nie zu verlassen«, erwiderte das Tier.
Die Schöne errötete bei diesen Worten; sie hatte in ihrem Spiegel gesehen, daß ihr Vater vor Kummer über ihren Verlust erkrankt war, und sie wünschte, ihn wiederzusehen.
»Ich würde Euch dies gern versprechen, aber ich sehne mich so sehr nach meinem Vater, daß ich vor Schmerz sterben würde, wenn Ihr mir diese Freude verwehren wolltet.«
»Lieber will ich selbst sterben, als Euch Kummer bereiten; kehrt zu Eurem Vater zurück, Ihr werdet nie wiederkommen, und Euer armes Tier wird vor Schmerz sterben.«

»Nein«, sagte die Schöne weinend, »ich liebe Euch zu sehr, um die Ursache Eures Todes zu werden. Ich verspreche Euch, in acht Tagen zurückzukehren. Meine Schwestern sind verheiratet; mein Vater ist allein. Erlaubt, daß ich eine Woche bei ihm bleibe.«
»Morgen früh sollt Ihr bei ihm sein«, sagte das Tier. »Aber gedenket Eures Versprechens. Wenn Ihr zurückkehren wollt, braucht Ihr beim Schlafengehen nur Euren Ring auf einen Tisch zu legen. Lebt wohl, Schöne.«
Das Tier seufzte bei diesen Worten wie immer, und die Schöne legte sich ganz traurig schlafen, weil sie ihm weh getan hatte.
Als sie erwachte, fand sie sich in ihres Vaters Haus und läutete eine Glocke, die neben ihrem Bett stand. Die Magd trat herein und stieß bei ihrem Anblick einen lauten Schrei aus. Der Vater lief herbei und wäre beinahe vor Freude gestorben, als er seine liebe Tochter wiedersah. Da fiel der Schönen ein, daß sie keine Kleider bei sich hatte, aber die Magd sagte ihr, im Nebenzimmer stehe eine große Truhe voll goldgestickter und reich mit Diamanten geschmückter Kleider. Die hatte ihr das Tier geschickt. Als die Schwestern von dem Besuch der Schönen hörten, eilten sie schnell mit ihren Gatten herbei. Die Älteste hatte einen jungen Edelmann geheiratet, zum Entzücken schön, aber er war so verliebt in sein eigenes Gesicht, daß er sich von morgens bis abends nur damit beschäftigte und die Schönheit seiner Frau übersah. Die zweite hatte einen sehr geistreichen Mann geheiratet, aber er bediente sich seines Geistes nur, um alle Welt rasend zu machen, seine Frau inbegriffen.
Die Schwestern starben beinahe vor Ärger, als sie die Schöne in so herrlichen Kleidern sahen. Ihre Eifersucht wurde noch schlimmer, als die Schöne ihnen erzählte, wie glücklich sie sei.
»Schwester«, sagte die älteste zu der zweiten, »mir fällt etwas ein; versuchen wir, die Schöne länger als acht Tage hier zurückzuhalten. Ihr dummes Tier wird sie vielleicht vor Zorn fressen, weil sie nicht Wort gehalten hat.« Und sie taten ihr alles zuliebe, worüber die Schöne Freudentränen vergoß. Als die acht Tage vorüber waren, rauften sich die Schwestern die Haare und heuchelten eine solche Verzweiflung, daß die Schöne versprach, noch acht Tage länger zu bleiben.
Jedoch machte sie sich Vorwürfe, ihrem armen Tier Kummer zu be-

reiten, denn sie liebte es von ganzem Herzen; auch vermißte sie es sehr. In der zehnten Nacht, die sie bei ihrem Vater verbrachte, sah sie im Traum das Tier im Garten seines Schlosses; es lag auf dem Rasen im Sterben. Erschrocken fuhr die Schöne aus dem Schlaf und weinte heiße Tränen.

»Wie bin ich doch böse, das Tier zu betrüben, das mir nur Gutes getan hat«, sagte sie. »Nein, ich will es nicht unglücklich machen.«

Bei diesen Worten legte die Schöne ihren Ring auf den Tisch und legte sich nieder. Als sie am Morgen erwachte, sah sie zu ihrer Freude, daß sie sich im Palast des Tieres befand. Sie kleidete sich in prächtige Gewänder, um ihm zu gefallen, und langweilte sich den ganzen Tag zu Tode in Erwartung der neuen Abendstunde; aber die Uhr schlug neun, und das Tier zeigte sich nicht. Da fürchtete die Schöne, seinen Tod verursacht zu haben. Laut rufend lief sie durch das Schloß; sie war ganz verzweifelt. Da sie es nicht fand, erinnerte sie sich ihres Traumes; sie lief in den Garten. Dort lag das arme Tier bewußtlos ausgestreckt; sie glaubte, es sei tot. Sie warf sich an seine Brust, ohne sich vor seinem Antlitz zu entsetzen, und da sie sein Herz noch schlagen fühlte, schöpfte sie Wasser aus dem Kanal und goß es ihm über den Kopf. Das Tier schlug die Augen auf und sagte:

»Ihr habt Euer Versprechen nicht gehalten. Aus Kummer über Euern Verlust wollte ich den Hungertod leiden, aber ich sterbe zufrieden, da ich die Freude habe, Euch noch einmal zu sehen.«

»Nein, mein liebes Tier, Ihr dürft nicht sterben«, sagte die Schöne; »Ihr sollt leben, um mein Gatte zu werden. Hier meine Hand: ich schwöre, daß ich nur Euch gehören werde. Ach! Ich glaubte, nur Freundschaft für Euch zu empfinden, aber mein Schmerz zeigt mir, daß ich ohne Euch nicht leben kann.«

Kaum hatte die Schöne diese Worte gesprochen, als das Schloß in hellem Licht erstrahlte; Feuerwerk, Musik: alles deutete auf ein Fest. Aber diese ganze Pracht konnte sie nicht fesseln; sie wandte sich ihrem lieben Tier zu, denn die Gefahr, in der es schwebte, ließ sie erzittern. Wie groß aber war ihre Überraschung! Das Tier war verschwunden, und zu ihren Füßen lag ein Prinz, schöner als Amor, der ihr dankte, den Zauber gebrochen zu haben.

»Eine böse Fee hatte mich in ein Tier verwandelt, bis ein schönes Mädchen einwilligte, mich zu heiraten. Ihr allein auf der Welt wart gütig genug, Euch von meiner Güte rühren zu lassen. Nehmt aus Dankbarkeit meine Krone!«
Zusammen gingen sie ins Schloß, wo sie die schöne Dame fanden, die der Schönen im Traum erschienen war.
»Schöne«, sagte die Dame, die eine große Fee war, »empfangt den Lohn für Eure gute Wahl: Ihr habt der Schönheit und dem Geist die Tugend vorgezogen; Ihr verdient, alle diese Eigenschaften in einer Person vereint zu finden. Ihr werdet eine große Königin werden. Euer Herz aber, meine Damen«, sagte die Fee zu den Schwestern der Schönen, »kenne ich und die ganze Bosheit, die es einschließt. Werdet zwei Statuen, aber bewahrt euern Verstand unter dem Stein. Erst dann könnt ihr in eure frühere Gestalt zurückkehren, wenn ihr eure Fehler einseht; aber ich fürchte, ihr werdet immer Statuen bleiben. Hochmut, Zorn, Genußsicht und Faulheit lassen sich bessern, aber ein böses und neidisches Herz zu verwandeln wäre ein Wunder.«
Der Prinz heiratete die Schöne, und sie lebten lange Jahre miteinander. Ihr Glück aber war vollkommen, denn es war auf die Tugend gegründet.

Der Rosenelf

Hans Christian Andersen

Hans Christian Andersen liebte die Rosensymbolik. Viele seiner Märchen führen eine Rose im Titel, »Die Schnecke und der Rosenstrauch« etwa, »Eine Rose am Grabe Homers« oder »Die herrlichste Rose der Welt«. Das vorliegende Märchen vom Rosenelf hat seine Wurzeln in einer Schilderung aus dem Decamerone des Humanisten Giovanni Boccacio (1313 – 1375). Hier wie dort muss ein Jüngling einen grausamen Mord mit ansehen, den ein Bruder an dem Geliebten seiner Schwester verübt.
Der Rosenelf ist ein sanftes Knäblein, das wie im Schoße einer Mutter in einem Rosenstock lebt. Als er eines Abends nicht rechtzeitig zurückkommt, hat die Rose bereits ihre Blüte geschlossen – die neue Phase in seinem Leben hat begonnen. Bezeichnenderweise belauscht der Elf als erstes ein junges Liebespaar. In einer Rose verborgen, die der junge Mann an seiner Brust trägt, kann der Knabe sein heißes Begehren mitfühlen. Die Rose verkörpert hier die Leidenschaft. Kurz darauf muss der Elf miterleben, wie gefährlich es in der Welt der großen Gefühle zugeht. Der Liebhaber wird dahingemetzelt, die Braut findet seinen Leichnam und stirbt schließlich aus Kummer. Dieser wird von den Blumenseelen eines Jasminzweiges gerächt.

Mitten in einem Garten wuchs ein Rosenstock, der war über und über voll Rosen, und in der schönsten von allen wohnte ein Elf. Der war so winzig klein, daß kein menschliches Auge ihn sehen konnte. Hinter jedem Blatte der Rose hatte er eine Schlafkammer. Er war so wohlgebildet und schön, wie nur ein Kind sein konnte, und hatte Flügel von den Schultern bis herunter zu den Füßen. Oh, welcher Duft war in seinen Zimmern, und wie klar und schön waren die Wände! Es waren ja die blaßroten feinen Rosenblätter.
Den ganzen Tag vergnügte er sich im warmen Sonnenschein, flog von Blüte zu Blüte, tanzte auf den Flügeln des fliegenden Schmetterlings und maß, wieviel Schritte er gehen mußte, um über alle Landwege und Stege zu laufen, die auf einem einzigen Lindenblatte sind. Was wir die

Adern des Blattes nennen, hielt er für Landwege und Stege. Ja, das waren ewige Wege für ihn!

Ehe er damit fertig wurde, ging die Sonne unter; er hatte auch zu spät damit begonnen!

Es wurde sehr kalt, der Tau fiel und der Wind wehte; nun war es das beste, nach Hause zu kommen. Er eilte, so sehr er konnte; aber die Rose hatte sich geschlossen; er konnte nicht hineingelangen; keine einzige Rose stand geöffnet. Der arme Elf erschrak sehr. Er war früher nie des Nachts draußen gewesen, hatte immer sanft und süß hinter den warmen Rosenblättern geschlummert, oh, das würde gewiß sein Tod werden!

Am anderen Ende des Gartens, wußte er, war eine Laube mit schönem Jelängerjelieber; die Blüten sahen wie große bemalte Hörner aus; in eine von ihnen wollte er hinabsteigen und bis morgen schlafen.

Er flog hin. Still! Es waren zwei Menschen darin, ein junger hübscher Mann und die schönste Jungfrau. Sie saßen nebeneinander und wünschten, daß sie sich in Ewigkeit niemals zu trennen brauchten. Sie hatten einander so lieb, weit mehr noch, als das beste Kind seine Mutter und seinen Vater liebhaben kann.

»Dennoch müssen wir uns trennen!« sagte der junge Mann. »Dein Bruder ist uns nicht gut, darum sendet er mich mit einem Auftrage so weit über Berge und Seen fort! Lebe wohl, meine süße Braut, denn das bist du doch!« Dann küßten sie sich, und das junge Mädchen weinte und gab ihm eine Rose. Aber bevor sie ihm die Rose reichte, drückte sie einen Kuß so fest und innig darauf, daß die Blüte sich öffnete. Da flog der kleine Elf in sie hinein und lehnte sein Haupt gegen die feinen duftenden Wände, aber er konnte gut hören, daß Lebewohl, Lebewohl gesagt wurde, und er fühlte, daß die Rose ihren Platz an des jungen Mannes Brust bekam. Oh, wie klopfte doch das Herz darin! Der kleine Elf konnte nicht einschlafen, so klopfte es.

Aber nicht lange ruhte die Rose still an der Brust. Der Mann nahm sie hervor, und während er einsam durch den dunklen Wald ging, küßte er die Blüte, oh, so oft und so heftig, daß der kleine Elf fast erdrückt wurde.

Er konnte durch das Blatt fühlen,
wie die Lippen des Mannes brannten,
und die Rose selbst hatte sich wie bei der stärksten
Mittagssonne geöffnet.

Da kam ein anderer Mann, finster und böse; es war des hübschen Mädchens schlechter Bruder. Der zog ein scharfes Messer hervor, und während der andere die Rose küßte, stach der schlechte Mann ihn tot, schnitt ihm den Kopf ab und begrub diesen mit dem Körper in der weichen Erde unter dem Lindenbaum.
»Nun ist er vergessen und fort!« dachte der schlechte Bruder; »er kommt nie mehr zurück. Eine lange Reise sollte er machen, über Berge und Seen, da kann man leicht das Leben verlieren, und das hat er verloren. Er kommt nicht mehr zurück, und mich darf meine Schwester niemals nach ihm fragen.«
Dann scharrte er mit dem Fuße dürres Laub über die aufgegrabene Erde und ging in der dunklen Nacht wieder nach Hause. Aber er ging nicht allein, wie er dachte: Der kleine Elf begleitete ihn. Er saß in einem vertrockneten, zusammengerollten Lindenblatte, das dem bösen Mann ins Haar gefallen war, als er das Grab grub. Nun war der Hut darübergesetzt, es war sehr finster im Hute, und der Elf zitterte vor Schreck und Zorn über die schlechte Tat.
In der Morgenstunde kam der böse Mann nach Hause; er nahm seinen Hut ab und ging in die Schlafkammer der Schwester hinein. Da lag das schöne, blühende Mädchen und träumte von ihm, den sie so liebhatte und von dem sie nun glaubte, daß er über Berge und durch Wälder ginge. Und der böse Bruder neigte sich über sie und lachte häßlich, wie nur ein Teufel lachen kann. Da fiel das welke Blatt aus seinem Haar auf die Bettdecke; aber er bemerkte es nicht und ging hinaus, um in der Morgenstunde selbst ein wenig zu schlafen. Aber der Elf schlüpfte aus dem welken Blatte, setzte sich in das Ohr des schlafenden Mädchens und erzählte ihr wie in einem Traume den schrecklichen Mord, beschrieb ihr den Ort, wo der Bruder den Geliebten ermordet und seine Leiche verscharrt hatte, erzählte von dem blühenden Lindenbaume dicht daneben und sagte: »Damit du nicht glaubst, daß es nur ein Traum

sei, was ich dir erzählt habe, wirst du auf deinem Bett ein dürres Blatt finden!« Und das fand sie, als sie erwachte. Oh, welch bittere Tränen weinte sie! Und zu niemandem durfte sie von ihrer Trauer sprechen. Das Fenster stand den ganzen Tag offen, der Elf konnte leicht zu den Rosen und all den andern Blumen in den Garten hinausgelangen. Aber er konnte es nicht übers Herz bringen, die Betrübte zu verlassen. Im Fenster stand ein Strauch mit Monatsrosen, in eine der Blüten setzte er sich und betrachtete das arme Mädchen. Ihr Bruder kam oft in die Kammer hinein, und er war so lustig und böse, sie aber durfte kein Wort über ihren großen Herzenskummer sagen.

Sobald es Nacht wurde, schlich sie sich aus dem Hause in den Wald nach der Stelle, wo der Lindenbaum stand, nahm die Blätter von der Erde, grub diese auf und fand ihn, den Ermordeten, sogleich. Oh, wie weinte sie und bat den lieben Gott, daß auch sie bald sterben möge! Gern hätte sie die Leiche mit sich nach Hause genommen, aber das konnte sie nicht. Da nahm sie das bleiche Haupt mit geschlossenen Augen, küßte den kalten Mund und schüttelte die Erde aus seinem schönen Haar.

»Das will ich behalten!« sagte sie. Und als sie Erde und Blätter auf den toten Körper gelegt hatte, nahm sie das Haupt und einen kleinen Zweig von dem Jasminstrauch, der im Walde blühte, wo er begraben war, mit nach Hause.

Sobald sie in ihrer Stube war, holte sie sich den größten Blumentopf, der zu finden war, in diesen legte sie das Haupt des Toten, schüttete Erde darauf und pflanzte dann den Jasminzweig in den Topf.

»Lebe wohl! Lebe wohl!« flüsterte der kleine Elf; er konnte es nicht länger ertragen, all diesen Schmerz zu sehen, und flog darum hinaus in den Garten zu seiner Rose. Aber sie war verblüht; es hingen nur noch verblichene Blätter an der grünen Hagebutte.

»Ach, wie bald ist es doch mit dem Schönen und Guten vorbei!« seufzte der Elf. Zuletzt fand er wieder eine Rose; diese wurde sein Haus; hinter ihren feinen und duftenden Blättern konnte er wohnen.

Jeden Morgen flog er zum Fenster des armen Mädchens, sie stand immer bei dem Blumentopf und weinte. Die bitteren Tränen fielen auf den Jasminzweig, und mit jedem Tage, an welchem sie bleicher und bleicher wurde, stand der Zweig frischer und grüner da; ein Trieb nach dem andern wuchs hervor, kleine weiße Knospen blühten auf, und die küßte sie. Aber der böse Bruder schalt und fragte, ob sie närrisch geworden sei. Er konnte es nicht leiden und nicht begreifen, warum sie immer über dem Blumentopf weinte. Er wußte ja nicht, welche Augen da geschlossen und welche roten Lippen da zu Erde geworden waren. Und sie neigte ihr Haupt gegen den Blumentopf, und der kleine Elf von der Rose fand sie da schlummernd. Da setzte er sich ihr ins Ohr, erzählte von dem Abend in der Laube, vom Duft der Rose und der Liebe der Elfen. Da träumte sie wunderbar süß, und während sie träumte, entschwand das Leben; sie war einen stillen Tod gestorben; sie war im Himmel bei dem, den sie liebte.

Und die Jasminblüten öffneten ihre großen weißen Glocken; sie dufteten so wunderbar süß, anders konnten sie nicht über die Tote weinen. Aber der böse Bruder betrachtete den schönen blühenden Strauch, nahm ihn als sein Erbgut an sich und setzte ihn in seine Schlafkammer dicht an sein Bett, denn er war herrlich anzuschauen, und der Duft war gar süß und lieblich. Der kleine Rosenelf folgte, flog von Blüte zu Blüte - in jeder wohnte ja eine kleine Seele - und erzählte von dem ermordeten jungen Manne, dessen Haupt nun Erde unter der Erde war, erzählte von dem bösen Bruder und der armen Schwester.

»Wir wissen es!« sagte jede Seele in den Blüten; »wir wissen es! Sind wir nicht aus Augen und Lippen des Ermordeten entsprossen? Wir wissen es! Wir wissen es!« Und dann nickten sie so seltsam mit dem Kopfe.

Der Rosenelf konnte nicht begreifen, wie sie so ruhig sein konnten, und flog hinaus zu den Bienen, die Honig sammelten, und erzählte ihnen die Geschichte von dem bösen Bruder. Die Bienen sagten es ihrer Königin, und diese befahl, daß sie alle am nächsten Morgen den Mörder töten sollten.

Aber in der Nacht vorher - es war die erste Nacht nach dem Tode der Schwester -, als der Bruder in seinem Bett dicht neben dem duftenden Jasminstrauche schlief, öffnete sich jeder Blütenkelch, und unsichtbar, aber mit giftigen Stacheln, stiegen die Blumenseelen heraus, setzten sich ihm ins Ohr und erzählten ihm böse Träume, flogen alsdann über

seine Lippen und stachen seine Zunge mit den giftigen Stacheln. »Nun haben wir den Toten gerächt!« sagten sie und flogen zurück in die weißen Glocken des Jasmins.
Als es Morgen war und das Fenster der Schlafkammer plötzlich aufgerissen wurde, flog der Rosenelf mit der Bienenkönigin und dem ganzen Bienenschwarm herein, um ihn zu töten.
Aber er war schon tot; die Leute standen rings um das Bett und sagten: »Der Jasminduft hat ihn getötet.«
Da verstand der Rosenelf die Rache der Blumen und erzählte es der Bienenkönigin, und sie summte mit ihrem ganzen Schwarme um den Blumentopf. Die Bienen waren nicht zu verjagen. Da nahm ein Mann den Blumentopf weg, und eine der Bienen stach seine Hand, so daß er den Topf fallen und zerbrechen ließ.
Da sahen sie den weißen Totenschädel, und nun wußten sie, daß der Tote im Bett ein Mörder war.
Die Bienenkönigin summte in der Luft und sang von der Rache der Blumen und von dem Rosenelf, und daß hinter dem geringsten Blatte Einer wohnt, der das Böse erzählen und rächen kann!

Das Märchen vom Rosenblättchen

Clemens von Brentano

Eine fast überbordende Rosensymbolik entfaltet sich in diesem Märchen, das Clemens von Brentano – nach einer Vorlage des neapolitanischen Märchensammlers Giambattista Basile – schrieb. Alles dreht sich um Verliebtheit, Erotik und wahre Liebe. Prinzessin Rosalina ist noch sehr verspielt und dabei auch selbstverliebt. Dem Prinzen Immerundewig gelingt es nicht, in ihre unberührte, weibliche Welt einzudringen. Nur durch einen Zaubertrick kann er sich mit ihr vereinigen. Er verwandelt sich in einen Rosenstock, über den Rosalina nun allmonatlich (!) springt. Schließlich wird sie durch das Essen von Kürbiskernen und einem verschluckten Rosenblättchen schwanger.
Selbst in ihrer mütterlichen Liebe erweist sich Rosalina als unreif, ihre Tochter Rosenblättchen will sie ganz für sich haben. Als diese sieben Jahre ist, erwacht der Neid der Mutter auf die schöne Tochter. Diese fällt daraufhin in einen schützenden Zauberschlaf. Der Rosenbusch verdorrt und Rosalina stirbt einsam in ihrer Kammer. Erst Rosenblättchen gelingt es, ihr Lebensglück zu finden.

Der Herzog von Rosmital hatte eine sehr schöne Schwester, die er über alles liebte und der alles zu Gefallen tat. Sie hatte eine außerordentliche Liebe zu Blumen, besonders zu Rosen, und ihr Bruder verwandelte deswegen beinahe sein ganzes Land in einen einzigen Rosengarten; außerdem hatte sie noch eine andere Leidenschaft, und das war, ihre schönen Haare immer zu flechten und zu kämmen, und sie hatte zu diesem Zweck eine Menge Kammerfräulein, welche eigentlich Kammfräulein hießen und goldene Kämme anhängen hatten.
Ihre ganze Beschäftigung war, sich kämmen zu lassen und dann mit den Kammfräulein im Garten herumzuspringen, bis ihre Haare wieder in Unordnung waren und sie sich von neuem kämmen ließ.
Als sie einst morgens unter den Händen ihrer sechs Kammfräulein im Garten saß, welche ihr sechs Zöpfe flochten, trat ihr Bruder, der Herzog von Rosmital, vor sie und führte ihr an der Hand den Prinzen Immerundewig zu und redete sie also an: »Liebe Schwester! ich

habe dir schon oft von meinem vertrautesten Freund, dem Prinzen Immerundewig erzählt, und du weißt, daß ich von jeher wünschte, du möchtest dich mit ihm vermählen, damit er immer und ewig bei mir bliebe; hier stelle ich ihn dir vor und bitte dich, ihm dein Herz zu schenken.«

In diesem Augenblick raufte eines der Kammfräulein die Prinzessin Rosaline, worüber sie sehr ungeduldig wurde und gegen sie ausrief: »Du raufst mich immer und ewig!«

Das Kammfräulein entschuldigte sich fein, indem es sagte: »Ja, Prinzessin, der Prinz Immerundewig raufte Euch, denn sein Auftreten hat mich zerstreut.«

Der Prinz begann sich schon zu entschuldigen, als wieder eine andere sie raufte, so daß Rosalina ganz aus der Fassung kam und den armen Immerundewig fragte: »Mein verehrter Prinz und mein geliebter Bruder! Ich erkläre, daß ich mich ebensowenig als ein Rosenstock mit einem Kürbis mit dem Prinzen Immerundewig vermählen werde!« - und nach diesen Worten lief sie weg und die zopfflechtenden Kammfräulein ihr nach.

Der Herzog konnte seinem Freunde keinen Trost geben, »denn«, sagte er, »ihre Worte sind unverbrüchlich.«

»Sind sie das«, sagte Immerundewig, »so will ich mein Heil versuchen, umarmte dann den Herzog und reiste ab zu seiner Muhme, der Frau Nimmermehr, welche eine große Zauberkünstlerin war, und er holte sich Rat bei ihr.

Mehrere Wochen nachher spazierte einst Rosalina im Garten umher, da sah sie eine alte Frau, die einen Rosenstock nach dem andern betrachtete und bei jedem den Kopf schüttelte. Rosalina ging zu ihr und fragte sie, warum sie immer den Kopf schüttelte. »Weil bei allen den Rosen doch die schönste fehlt«, sagte die Alte, »nämlich die immer und ewig blühende.«

»Wer hat sie?« fragte Rosalina, »ich muß sie haben um jeden Preis.« - »Nun, nun«, sagte die Alte, »um ein gutes Wort steht sie Euch zu Diensten!« und zog den Deckel von ihrem Handkorb und zeigte der Prinzessin einen Kürbis, in welchen sie das blühende Rosenreischen gesteckt hatte, damit es frisch bleiben möge.

Rosalina war in der größten Freude über das Rosenstöckchen, und als sie die Alte fragte, was sie dafür verlange, sagte diese: »Zwei Dinge: erstens, daß du mein Gast seiest bei meinem Mittagsbrot, und zweitens, daß du alle Monate, sooft dir das Rosenstöckchen eine Rose bringt, mit deinen Kammfräulein ein Fest begehst, wobei ihr alle über das Rosenstöckchen wegspringt, ohne daß Ihr ein Rosenblättchen mit Euern Kleidern abstreift, damit keines an die Erde fällt; und bei welcher eines an die Erde fällt, die muß ein paar tüchtige Hiebe mit Rosenzweigen auf die Hände bekommen, welche ihnen der Rosenstock schon geben wird, so sie zu ihm sprechen:

»Röslein! Röslein!
Triff mich fein!
Triff mich mit der Rut',
Weil ich sprang nicht gut;
Triff mich mit der Rute recht,
Röslein! weil ich sprang so schlecht.«

Die Prinzessin lachte hierüber und willigte in alles ein. Da nahm die Alte einen hölzernen Löffel aus der Tasche, trennte den Kürbis damit in zwei Teile und nahm einen Löffel voll von seinen Kernen, den sie der Prinzessin zum Essen vorhielt. Diese machte anfangs einen schiefen Mund, als sie es aber einmal versucht hatte, schmeckte es ihr vortrefflich, und sie aß ziemlich viel von den Kernen. Hierauf pflanzte die Alte den Rosenstock unter ihr Fenster, und weil er bereits ein volles Röschen trug, sagte sie: »Prinzessin Rosalina! ruft Eure Kammfräulein und beginnt das erste Fest vom Rosensprung.«
Da ging Rosalina und erzählte alles ihrem Bruder, dem Herzog; der bestellte Pauker und Trompeter und richtete das ganze Fest aus. Als Rosalina und ihr Kammfräulein erschienen waren, losten sie, wer zuerst springen sollte, und es traf sich, daß Rosalina die Allerletzte war. Manches Fräulein sprang glücklich hinüber, aber alle jene, welche die Prinzessin gerauft hatten, als der Prinz Immerundewig um ihre Hand bat, streiften mit ihren langen Schleppen ein paar Blätter von der Rose ab und mußten ihre Hände mit den Worten:

»Röslein! Röslein!
Triff mich fein!
Triff mich mit der Rut',
Weil ich sprang nicht gut;
Triff mich mit der Rute recht,
Röslein! weil ich sprang zu schlecht.«

dem Rosenstock darbieten, welcher ihnen zur Bewunderung aller Anwesenden mit seinen Zweigen ein paar so tüchtige Hiebe über die Finger gab, daß ihnen das Wasser in die Augen kam.
Als nun die Reihe zum Sprung an Rosalinen kam, nahm sie einen tüchtigen Anlauf und wäre auch glücklich hinübergekommen, wenn sich ihr im Sprung nicht die Haarflechten aufgelöst hätten, die ein Blättchen von der Rose abschlugen, welches sie aber im Sprung, ehe es zur Erde fiel, erhaschte und verschluckte, so daß ihr von der ganzen Gesellschaft Beifall zugeklatscht wurde.
Hierauf ward noch lustig geschmaust und getanzt, und als gegen Ende der Tafel allerlei Gesundheiten getrunken wurden, hob die alte Frau ihr Glas in die Höhe und sprach zu Rosalinen:

»Weil Kürbiskern und Rosenblatt
Dein roter Mund gegessen hat,
Weil Ros' und Kürbis sich verband,
Verlierst du deine stolze Hand
An meinen Freund, den Immerundewig,
Leb wohl! im Abendschimmer entschweb' ich.«

So sprach sie, und vor den Augen aller verschwand sie plötzlich. Rosalina aber, auf welche alle Augen gerichtet, tat einen lauten Schrei und fiel in Ohnmacht. Man brachte sie nach ihrer Stube, und sie bedachte mit großer Angst, daß sie dem Prinzen gesagt, sie wolle ihn nehmen, wenn Rose und Kürbis sich vermählten.
In der Nacht hatte sie sehr wunderbare Träume: es war ihr immer, als wüchsen ihr Rosen aus dem Munde, und sie hatte Magenweh. Diese Träume hatte sie oft und immer ängstlicher.

Als der kleine Monatsrosenstock wieder eine Rose brachte und sie wieder hinübersprang, war sie ganz melancholisch und krank; Essen und Trinken schmeckten ihr nicht mehr.
Bei dem dritten Rosenfest hatte sie geträumt, sie würde ein Kürbis, und ihr Bruder mußte ihr das mit vieler Mühe ausreden. Aber gegen das vierte Rosenfest setzte sie sich den Gedanken noch viel fester in den Kopf, daß sie ein Kürbis sei, und wollte deswegen auf keine Weise mehr über den Rosenstock springen. Bei dem fünften Rosenfest war sie nicht aus der Stube zu bringen und weinte den ganzen Tag darüber, daß sie ein Kürbis geworden sei.
Der Herzog war sehr betrübt über ihre Einbildung und versammelte alle Ärzte um sie; aber es war ihr nicht mehr auszureden. Das sechste Rosenfest kam, da war der Rosenstock schon so groß geworden, daß an kein Springen mehr zu denken war, und besonders, weil sie den ganzen Tag trauerte, daß sie ein Kürbis sei. Am siebenten Rosenfest guckte der Rosenstock ihr ins Fenster; am achten wuchsen seine Zweige schon um ihr Bett, und am neunten breitete er eine ganze Rosenlaube über sie.
Da träumte sie so lebendig, sie sei ein Kürbis und müsse sterben, daß sie ihren Bruder zu sich rufen ließ, der mit Licht hereintrat. Aber wie groß war ihr Erstaunen, als sie morgens neben ihrem Lager einen halben großen, goldenen Kürbis stehen sah, in welchem wie in einer Wiege ein schönes kleines Mägdlein schlummerte. Da war die Prinzessin sehr gerührt und sagte: »Ach! wenn der gute Prinz Immerundewig da wäre, ich wollte gern seine Gemahlin werden!« - Da rauschten die Rosen um sie, und sie hörte eine Stimme:

Als Rose sterb' ich, als Rose leb' ich,
Rose bin ich nun Immerundewig.«

Da war die Prinzessin sehr betrübt, denn sie hörte wohl, daß der gute Prinz ihr zuliebe ein Rosenstock geworden war, und sie gab dem Mägdlein den Namen Rosenblättchen und trug es mit seinem Bettchen in ihre geheimste Kammer, wo sie es erziehen wollte; denn sie hatte es so lieb, daß sie es keinem Menschen zu sehen gönnte.

Rosalina, welche bald wieder ganz lustig geworden war, saß am folgenden Tage im Bett und ließ sich von ihren Kammerfräulein ihre Haare, die sie sonst in einen Kranz geflochten getragen hatte, auf eine andere Weise flechten; denn sie wollte nun die goldene Haube aufsetzen.

Sie hatte kaum begonnen, als es an ihrer Türe pochte und man ihr sagte, die Alte, welche den Kürbis und den Rosenstock gebracht, sei draußen und wolle das Rosenblättchen sehen. Sie ließ ihr aber sagen, sie solle warten, bis sie gekämmt sei.

Nach einer Viertelstunde pochte die Alte wieder und erhielt dieselbe Antwort, und das noch fünfmal. Da war die Alte beim siebtenmal sehr zornig und rief ihr durch das Schlüsselloch hinein:

»Sieben Viertelstund' hab ich geharrt,
Sieben Viertelstund' ward ich genarrt:
So kämme denn noch sieben Jahr,
Dann bringt dein Kamm dich in Gefahr,
Du kämmst dich dann in große Not
Und kämmst das Rosenblättchen tot.«

So sagte die Alte im Zorn und verschwand. Rosalina achtete wenig hierauf und dachte an nichts als an ihr Rosenblättchen, welches täglich größer und freundlicher wurde und wie seine Mutter schöne lange Haare hatte; und diese zu kämmen war Rosalinas höchste Lust, wenn sie sich allein mit dem Rosenblättchen eingesperrt hatte.

Nun war das Kind beinahe sieben Jahre alt geworden, und die Zeit nahte sich, wo der Unglückswunsch des alten Zauberweibes: »Du kämmst dich dann in große Not. Und kämmst das Rosenblättchen tot« wahr werden sollte; aber Rosalina dachte nicht dran und kämmte das Rosenblättchen nach wie vor.

Als sie nun einst das Mägdlein zwischen ihren Beinen hatte und ihr den spitzigen goldenen Kamm durch die langen goldenen Locken zog, fühlte sie auf einmal einen großen Neid in sich erwachen, weil das Kind viel schönere Haare hatte als sie, und sagte ungeduldig:

»Ach! hättest du einen kahlen Kopf,
Und ich hätte all deine Haare im Zopf!«

Kaum aber hatte sie dieses gesagt, als sie vom Himmel gestraft wurde; denn eine unsichtbare Schere kam über sie her, und ritsch, ritsch schnitt sie ihr alle Haare vom Kopf herab, worüber sie so zusammenfuhr, daß sie mit der Hand zuckte und dem armen Rosenblättchen den spitzen Kamm so tief in das Häuptlein stieß, daß es mit einem Schrei tot zu ihren Füßen sank. Da fiel der unglücklichen Rosalina der Zauberfluch der alten Frau ein; aber es war zu spät. Ihr geliebtes Rosenblättchen lag tot an der Erde, und ihre schönen langen Haare, die sie so lange und mit so viel Eitelkeit hatte kämmen lassen, lagen abgeschnitten umher, und sie rang ihre Hände verzweiflungsvoll über ihrem kahlen Kopf.

Nachdem sie lange geweint hatte, stopfte sie ein Bettchen mit ihren langen Haaren und ein Kopfkissen mit Rosenblättern und legte das tote Rosenblättchen darauf mit gefalteten Händen in einen Kasten von Kristallglas und ließ noch sechs andere Kasten von Kristall darüber machen und verschloß sie in der Kammer, wovon niemand etwas wußte als eine vertraute Dienerin.

So lebte sie noch einige Jahre in beständiger Trauer. Der Rosenstock verdorrte auch in der Stube, und als sie fühlte, daß die Stunde ihres Todes herannahte, ließ sie ihren Bruder, den Herzog von Rosmital, zu sich kommen und sagte: »Geliebter Bruder! Das Ziel meines Lebens ist gekommen; ich wollte, ich wäre nicht so eigensinnig und eitel gewesen, aber jetzt ist es zu spät; ich bitte Gott, er möge sich meiner erbarmen. Alles, was ich besessen habe, gehört nun dir; aber eins schwöre mir, damit ich ruhig sterben kann.«

Der Herzog schwor ihr unter Tränen, alles zu tun, was sie verlange; denn er liebte sie über alles.

Nun gab sie ihm einen Schlüssel und sagte:

»Des ist der Schlüssel zu der
letzten Kammer meiner Wohnung;
bewahre ihn getreu und öffne diese Kammer niemals.«

Der Bruder beteuerte nochmals, sein Versprechen zu halten, und das sagte Rosalina: »Lebe wohl und bete für mich«; - dann wendete sie sich um und war tot, worauf sie der Herzog mit großem Gepränge beim Monatsrosenstock begraben ließ.

Einige Monate nachher vermählte sich der Herzog mit einer schönen, aber nicht gutmütigen Dame, und als er einst eine kleine Reise machen mußte, bat er seine Gemahlin, das Haus wohl in Ordnung zu halten und um alles in der Welt die letzte Kammer, deren Schlüssel er in seinem Schreibtisch verwahrt habe, nicht zu öffnen.

Sie versprach alles; aber kaum hatte er den Rücken gewendet, als sie, von der Neugierde getrieben, den Schlüssel nahm und sich die verbotene Kammer öffnete. Wie groß war aber ihr Zorn, da sie durch die gläsernen Kasten Rosenblättchen auf der Matratze liegen sah, die, seit sie hier von ihrer Mutter als tot eingeschlossen worden war, mitsamt den gläsernen Kasten gewachsen war und wie ein schönes schlummerndes Fräulein von vierzehn Jahren aussah; denn das alte Zauberweib hatte sie die langen Jahre hindurch im Schlafe lebend erhalten.

Die böse Herzogin riß die Kasten zornig auf und sprach: »Ha! ha! darum soll ich nicht in die Kammer, damit die Jungfrau ruhig schlafen kann; aber warte! ich will das Murmeltierchen wecken«, - und nun riß sie Rosenblättchen bei den Haaren hoch, so daß der Kamm, welcher noch von damals im Kopf stak, herabfiel und das arme Mägdlein aus ihrem Zauberschlaf erwachte mit dem Geschrei: »Ach Mutter! liebe Mutter! wie hast du mir weh getan!«

»Ich will dich muttern und vatern«, sagte die Herzogin, »daß du dein Lebtag dran denken sollst!« und riß das zitternde und weinende Rosenblättchen aus dem Kristallkasten und schlug und mißhandelte sie auf alle Weise mit der Drohung, wenn sie ein Wort zu irgendeinem Menschen rede, was ihr hier geschehen sei, solle sie ins Wasser geworfen werden. Dann schnitt sie ihr die schönen langen Haare ab, machte ihr ein kurzes Kleid von Sackleinwand, ließ sie Holz und Wasser tragen, Öfen heizen und Stuben scheuern und gab ihr täglich so viele Nasenstüber, Kopfnüsse, Ohrfeigen und Maulschellen, daß das arme Rosenblättchen so braun und blau im Gesicht aussah, als ob sie Heidelbeeren gegessen hätte.

Als der Herzog von Rosmital zurückkam und die Herzogin fragte, wer das arme Mädchen sei, das er täglich so gewaltig von ihr mißhandelt sehe, sagte sie: »Es ist eine Sklavin, welche mir meine Muhme zugesendet hat: aber sie ist so boshaft und so dumm und faul, daß ich sie unaufhörlich strafen muß.«

Nach einiger Zeit reiste der Herzog auf einen großen Jahrmarkt und ließ nach seiner Gewohnheit alles, was im Schlosse lebte, bis auf die Katzen und Hunde vor sich rufen, um jeden zu fragen, was er ihm vom Jahrmarkt als Geschenk mitbringen sollte, da denn der eine dieses, der andere jenes begehrte; als endlich auch das arme Rosenblättchen in seinem groben Sklavenkittel hervortrat und der Herzog sie eben anreden wollte, unterbrach ihn seine böse Gemahlin mit den Worten: »Muß der Schmutzkittel auch überall dabei sein? Sollen wir alle mit der faulen, groben Sklavin über einen Kamm geschoren werden? Fort mit dem widerwärtigen Tölpel! Ich weiß nicht, wie du ein so niedriges Wesen solcher Auszeichnung würdigen magst!«

Da liefen dem armen Rosenblättchen vor Kummer die Tränen über die Wangen herab, und der Herzog, der sehr gütig und mitleidig war, sagte gerührt zu ihr: »Weine nicht, du armes Kind, sondern sage mir von Herzen, was ich dir mitbringen soll, denn niemand soll mich hindern, auch dir eine Freude zu machen.«

Da sagte Rosenblättchen: »Herzog! bringe mir eine Puppe mit und ein Messerchen und einen Schleifstein, und solltest du dieses vergessen, so wünsche ich, daß du nicht über den ersten Fluß, der dir in den Weg kommt, herübergelangen könntest.«

Der Herzog reiste nun nach dem Jahrmarkt und kaufte alles ein, nur die Puppe, das Messerchen und den Schleifstein für Rosenblättchen vergaß er. Da er nun auf der Rückreise an einen Fluß kam, entstand ein solcher Sturm in den Wellen, daß kein Schiffer es wagte, ihn überzufahren; da fiel ihm die Verwünschung Rosenblättchens ein. Er kehrte daher gleich zurück und kaufte alles, was sie bestellt hatte, und gelangte dann glücklich nach seinem Schloß, wo er alle seine Geschenke richtig austeilte.

Da Rosenblättchen ihre Geschenke erhalten hatte, trug sie alles in die Küche, stellte die Puppe auf den Herd, setzte sich vor sie hin und weinte bitterlich und begann, ihr, gerade als ob sie eine lebendige Person wäre, alle ihre Leiden und Qualen, die sie von der Herzogin erdulden mußte, nach der Reihe vorzuerzählen, und sagte immer dazwischen: »Nicht wahr? Verstehst du? Hörst du? Gelt, das ist betrüblich? Nun, was sagst du dazu?«

Als aber die Puppe nicht antworten wollte, nahm Rosenblättchen ihr Messerchen und wetzte es auf ihrem Schleifstein und sagte: »Puppe! wenn du mir nicht antworten willst, so steche ich mir das Messerchen ins Herz, denn ich habe keinen Freund auf Erden als dich.«

Da schwoll die Puppe nach und nach an wie ein Dudelsack, wenn man ihn aufbläst, und schnurrte endlich: »Versteh dich schon, versteh dich schon; versteh, versteh dich schon viel besser als ein Tauber.«

Da nun diese Musik der Puppe und das Klagen des Rosenblättchens vor ihr mehrere Tage hintereinander von dem Herzog gehört wurden, der eine Stube dicht neben der Küche hatte, machte er sich ein Loch in die Türe, wo er sehen und hören konnte, wie Rosenblättchen weinend vor der Puppe saß und ihr erzählte: vom Prinzen Immerundewig, von den Kürbiskernen, vom Rosensprung, vom Rosenblatt, von dem Goldkürbis, worin sie gelegen, vom Kämmen der Mutter, von der Verwünschung des Zauberweibes, vom Einstoßen des Kamms in den Kopf, von ihrem Zauberschlaf, vom Liegen in den sieben Glaskästen, vom Schlüsselgeben an den Herzog und dem Verbot, die Kammer nicht zu öffnen, vom Tod der Prinzessin Rosalina, von der Reise des Herzogs, von der Neugierde der Herzogin, von der Öffnung der Kammer, dem Herausreißen des Kamms, dem Haarabschneiden und der argen Mißhandlung, die sie stündlich ertragen müsse; dann sagte sie wieder: »Antworte, oder ich bringe mich um!« und setzte das Messer an ihr Herz.

Aber der Herzog sprang zur Türe herein und riß es ihr aus der Hand, umarmte sie zärtlich als seine Schwestertochter und brachte sie aus dem Schlosse zu der Gemahlin seines Ministers, wo sie herrlich gekleidet und gepflegt wurde.

Da sie sich nach einigen Monaten wieder recht erholt hatte von den Qualen und schweren Arbeiten, welche ihr die böse Herzogin auferlegt hatte, ließ er eine prächtige Mahlzeit in seinem Schlosse anstellen, bei welcher er Rosenblättchen, die niemand mehr in ihrem Glanze erkannte, als seine Nichte mit erscheinen ließ. Nach Tisch wurde ein Zuckerhaus aufgetragen und jedermann hätte gern gewußt, wer drin saß. Da sagte der Herzog zur Herzogin: »Wollt Ihr wohl das Zuckerhaus öffnen?« - und sie tat es, da lag die kleine Puppe drin in sieben Glaskästchen, wie Rosenblättchen gelegen hatte, und die Herzogin erschrak sehr und schlug vor Zorn die Glaskästchen entzwei und riß die Puppe heraus; aber die lief ihr weg und setzte sich auf Rosenblättchens Schulter und blies sich dick, dick auf wie ein Dudelsack und erzählte der Herzogin alle ihre Grausamkeiten ins Gesicht und wurde immer größer und größer und stand endlich wieder als das alte Zauberweib auf dem Tisch, welches oft in dieser Geschichte vorkommt, und flog zum Fenster hinaus.
Da ließ der Herzog seine böse Frau in eine Kutsche setzen und sie wieder zu ihren Eltern hinfahren, wo er sie einst hergeholt hatte.
Das Rosenblättchen aber wurde die Gemahlin eines vornehmen Prinzen und erhielt das ganze Herzogtum Rosmital zum Brautschatz, und da blühte der Rosenstock des Prinzen Immerundewig wieder auf. Und als Rosenblättchen einst nachts den süßen Duft roch, trat sie mit ihrem Gemahl an das Fenster und sah ihre Mutter und die Kammfräulein über den Rosenstock springen, und der Prinz Immerundewig war auch dabei. »Ach!« rief sie aus, »liebste Eltern! Gott segne Euch!«
Da riefen sie von unten wieder herauf: »Ach! liebste Kinder! Gott segne Euch!« - und verschwanden in der Luft. Da wurde Rosenblättchen sehr still und fromm und ließ sich eine Wiege machen wie einen goldenen Kürbis, und da bescherte ihr der Himmel einen kleinen Prinzen hinein, und der hat mir alles dieses für einen einzigen Pfefferkuchen erzählt.

Die Geschichte von Pezze e fogghi

Sizilianisches Märchen

Durch harte Zeiten muß auch die Königstochter in diesem italienischen Volksmärchen gehen. Eine auf den Boden geworfene Rose entscheidet über ihr Schicksal. Auf Anordnung des verstorbenen Vaters soll derjenige, der sie aufhebt, ihr Bräutigam sein. Der Zufall will es, daß dies ein schmutziger armer Wasserträger ist. Sein heruntergekommenes Aussehen hat ihm den Namen Pezze e fogghi, Lumpen und Blätter, gegeben. Die Prinzessin fügt sich widerwillig den Wünschen des Vaters und heiratet den garstigen Menschen. Natürlich ist sie unglücklich - schließlich ist sie ein Königskind, das Besseres verdient.
Doch um ihr Glück zu finden, muss sie den kindlichen Stolz überwinden und - ähnlich wie die Schöne bei dem Biest – das Sein hinter dem Schein akzeptieren. Erst als sie ihren Gemahl nicht mehr Pezze e fogghi nennt, also in ihm nicht mehr nur Lumpen und Blätter sieht, wendet sich alles zum Guten. Denn wie sollte es anders sein: der Wasserträger ist ein zu erlösender Prinz.

Es war einmal ein König, der hatte drei Töchter und einen Sohn. Der König wurde so krank, daß er sterben mußte. Als er fühlte, daß er dem Tode nahe war, ließ er seinen Sohn vor sich kommen und sprach zu ihm: »Lieber Sohn, ich muß nun sterben, und du wirst nach mir König sein. Ich empfehle dir deine drei Schwestern, sorge für sie, bis sie sich verheiraten. Du mußt sie aber nicht nach deinem oder ihrem Gutdünken verheiraten, sondern wenn eine von ihnen Lust dazu zeigt, so pflücke von dem schönen Rosenstrauch auf der Terrasse eine Rose und wirf sie auf die Straße. Der, der die Rose aufhebt, soll ihr Gemahl sein.« Als der König diese Worte gesprochen hatte, starb er, und sein Sohn wurde König.
Nach einiger Zeit kam seine älteste Schwester zu ihm und sprach: »Lieber Bruder, ich wünsche mich zu verheiraten, suche einen Mann für mich aus.«
»Weißt du auch, was mir unser Vater auf seinem Sterbebette befohlen hat?« sprach der König und erzählte seiner Schwester, was der Vater

gesagt hatte. Da wurde sie zornig und sprach: »War denn unser Vater närrisch? Wie? Ich sollte jeden Beliebigen heiraten müssen, dem es einfällt, die Rose aufzuheben? Lieber heirate ich gar nicht.«
»Tu, wie du willst«, sprach er, »ich kann dir nicht helfen, denn dies ist unseres Vaters letzter Wille gewesen.«
Als noch einige Monate verflossen waren, wurde der Königstochter die Zeit lang, und sie trat wieder vor ihren Bruder und sprach: »Wenn es denn nicht anders sein kann,so will ich nach dem Willen unseres Vaters tun.«

Also pflückte der König eine Rose von dem Rosenstrauch auf der Terrasse, warf sie auf die Straße und befahl einem Soldaten, Wache zu halten und den ersten, der die Rose aufheben würde, in den Palast zu schicken.
Als der Soldat eine Weile neben der Rose gestanden hatte, kam ein Fürst vorbei. Da er die schöne Rose am Boden liegen sah, hob er sie auf und sprach: »Ach, die schöne Rose !«.
»Edler Herr«, sprach die Schildwache, »der König wünscht Euch zu sprechen.«
Da kam der Fürst vor den König, der fragte ihn: »Habt Ihr die Rose aufgehoben, die auf der Straße lag?«
»Jawohl, königliche Majestät!«
»So müsset Ihr auch meine älteste Schwester heiraten.«
»Königliche Majestät«, sagte der Fürst ganz erschrocken, »das kann ja nicht sein! Der Königstochter gebührt es, einen Königssohn zu heiraten, und ich bin nur ein Fürst. Wie kann mir diese Ehre werden!«
»Hier ist von keiner Ehre die Rede«, antwortete der König, »sondern es ist nun einmal notwendig, daß meine Schwester Eure Gemahlin werde.« Also heiratete die Königstochter den Fürsten und dachte: »Ist es auch kein Prinz, so bin ich doch froh, daß es nicht schlimmer geworden ist.«
Nach einiger Zeit trat die zweite Königstochter vor ihren Bruder und sprach: »Lieber Bruder, ich bin nun im Alter, mich zu verheiraten, suche mir einen Mann aus.«
Da antwortete der König:
»Weißt du aber auch, was mir unser Vater auf seinem Totenbette be-

fohlen hat? Wenn du dich verheiraten willst, so mußt du dich seiner Bedingung fügen.«
»Wenn es nicht anders sein kann, so will ich den Willen unseres Vaters tun«, sprach die Königstochter. Da pflückte der König eine Rose und warf sie auf die Straße, und ein Soldat mußte daneben Wache stehen.
Lange Zeit ging niemand vorbei. Endlich kam ein Herr die Straße entlang. Da er die schöne Rose am Boden liegen sah, hob er sie auf und roch daran. Der Soldat trat auf ihn zu und sagte, der König wünsche ihn zu sprechen. »Habt Ihr die Rose aufgenommen?« fragte ihn der König, als der Herr vor ihn trat.
»Jawohl, königliche Majestät!«
»Nun denn, so müßt Ihr meine Schwester zur Gemahlin nehmen.«
»Ach, königliche Majestät!«, rief der Herr, »das kann ja nicht sein. Der Königstochter gebührt ein Herrscher zum Gemahl, und ich bin nur ein schlechter Untertan.«
»Ich kann Euch nicht helfen«, sprach der König, »meine Schwester muß Eure Gemahlin werden.« Also wurde die Hochzeit gefeiert. Nun war nur noch die Jüngste übrig; die aber sprach:
»Meine älteste Schwester hat einen Fürsten zum Mann bekommen, meine zweite Schwester nur einen reichen Herrn. Wer weiß, was mir beschieden ist! Darum will ich lieber gar nicht heiraten.« Also blieb sie bei ihrem Bruder.
Nun begab es sich aber, daß der König selbst eine junge Frau nahm, und das weiß man ja: kommt einmal eine Schwägerin ins Haus, so beginnt für die Schwester ein ganz anderes Leben. So ging es auch der Jüngsten. Nachdem sie Herrscherin im Hause gewesen, mußte sie sich nun ihrer Schwägerin unterordnen. So kam es, daß sie endlich vor ihren Bruder trat und ihm sagte: »Lieber Bruder, wenn es denn nicht anders sein kann, so will ich meines Vaters Willen tun.«
»Nimm du selbst die Rose«, sprach der König, »und wirf sie auf die Straße.« Da pflückte die Königstochter die Rose und warf sie auf die Straße, und ein Soldat mußte daneben Wache stehen.
Den ganzen Tag über ging fast niemand vorbei. Endlich, als es schon beinahe Abend war, kam ein Wasserträger des Weges mit seinem Stock

und seinem Wasserfaß. Der Wasserträger war schmutzig und häßlich wie die Nacht, und seine Beine waren mit Blättern und Lappen eingebunden. Als er die schöne Rose liegen sah, hob er sie auf und roch daran. Der Soldat erschrak und dachte: »Wie kann die Königstochter diesen schrecklichen Menschen heiraten!«

Weil aber der König ihm strengen Befehl gegeben hatte, so konnte er den Wasserträger nicht weitergehen lassen, sondern mußte ihn vor den König führen.

»Hast du die Rose aufgehoben?« fragte ihn der König.

»Jawohl, königliche Majestät!«

»So mußt du jetzt auch meine Schwester heiraten.«

»Oh, königliche Majestät«, rief der Wasserträger, »Ihr wollet mit mir scherzen! Seht Ihr denn nicht, wie schmutzig ich bin und wie meine Beine so krank sind?«

Dem König war es traurig zumute. Die Königstochter weinte und jammerte über ihr Mißgeschick, aber es half alles nichts, sie mußte den schmutzigen, garstigen Wasserträger heiraten.

»Aussteuer will ich keine«, brummte er, »was soll ich in meinem Berge damit machen?«

Also nahm er seine Frau mit sich und führte sie in die Berge, in eine armselige kleine Strohhütte, in der wohnte ein steinaltes, häßliches Weib. »Siehst du, das ist unsere Wohnung, und das ist meine Mutter«, sprach er zu der armen Königstochter. Da mußte sie in der kleinen Hütte wohnen, und die Mutter nahm ihr die schönen Gewänder weg und gab ihr dafür ein wollenes Röckchen, das mußte sie tragen und mußte kochen und waschen wie eine niedrige Magd, und wenn abends ihr Mann nach Hause kam, mußte sie ihm auch noch die Beine verbinden. Seine Mutter aber nannte ihn Pezze e fogghi (Lumpen und Blätter).

So verging eine lange Zeit. Die arme Königstochter weinte sich fast die Augen aus.

Pezze e Fogghi aber liebte sie wie seine Augen,
und wenn er sie so weinen sah,
tat ihm das Herz weh.

Eines Abends hatte die Königstochter wieder bitterlich geweint. In der Nacht träumte ihr, sie sei in einem wunderschönen Schlosse. Viele schöngekleidete Lakaien dienten ihr und führten sie in einem goldenen Wagen mit sechs herrlichen Pferden bespannt zu ihrem Bruder. Als sie am Morgen erwachte, erzählte sie ihrem Manne ihren Traum, der lachte darüber und sprach:
»Das sind eben Träume, wie kämest du in ein reiches Schloß?«
Da weinte sie wieder den ganzen Tag, und am Abend schlief sie unter Weinen ein.
Als sie am Morgen erwachte, sah sie sich in einem wunderschönen Schloß, wie der Traum es ihr gezeigt hatte. Sie lag in einem reichen Bette. Viele Dienerinnen waren um sie her und halfen ihr, sich von wohlriechendem Wasser zu waschen, und legten ihr königliche Kleider an. Dann ging sie in ein anderes Zimmer, darinnen standen viele Lakaien, die trugen ihr Frühstück auf und fragten:
»Was befehlen Eure königliche Hoheit?«
»Einen Wagen«, antwortete sie, »denn ich will zu meinem Bruder fahren.«
»Der Wagen ist bereit«, sprachen die Diener, und als sie die Treppe hinunterging, stand da ein goldener Wagen mit sechs schönen Pferden bespannt, in den setzte sie sich und fuhr zu ihrem Bruder. Der junge König stand eben am Fenster. Als er den schönen Wagen sah, dachte er:
»Wer kommt da wohl angefahren in einem so schönen, goldenen Wagen? Als er aber seine Schwester erkannte, lief er ihr voll Freude und Verwunderung entgegen und fragte sie:
»Liebe Schwester, bist du es? Wie kommst du denn zu dieser Pracht, und wo ist dein Mann?«
»Wo mein Mann ist, weiß ich nicht«, antwortete die Königstochter und erzählte ihm, wie es ihr ergangen. »Nun bin ich gekommen, dich und meine Schwestern abzuholen«, fuhr sie fort, »denn heute sollt ihr alle bei mir essen.«
Da setzte sich der König in seinen Wagen nebst seiner Frau, seinen Schwestern und deren Männern, und alle zusammen fuhren mit großem Gefolge nach dem Schlosse der Königstochter. Dort fanden sie einen schön gedeckten Tisch, setzten sich und aßen und tranken nach

Herzenslust. Als die Mahlzeit zu Ende ging, hob einer der Gäste von ungefähr seine Augen auf und sah oben in der Decke ein großes Loch. Darin saß Pezze e fogghi und schaute lächelnd auf die Gesellschaft herab.

»Ei, da ist ja Pezze e fogghi!« rief er. Pardauz! fiel das ganze Schloß zusammen und verschwand. Der König und sein Gefolge befanden sich wieder zu Haus, und die jüngste Königstochter saß in ihrem wollenen Röckchen auf dem Berge in ihrer Strohhütte. Als Pezze e fogghi nach Hause kam, klagte sie ihm ihr Leid, aber er lachte und sagte:

»Ach was, du träumst nun gar am hellen Tag, das ist dein Traum von voriger Nacht, der dir so lebhaft im Gedächtnis geblieben ist.«

Es vergingen einige Tage. Eines Abends weinte die arme Königstochter wieder so viel, und als sie einschlief, träumte ihr abermals, sie sei in einem wunderschönen Schlosse; ganz derselbe Traum wie das erstemal. Als sie am Morgen ihrem Mann den Traum erzählte, lachte er sie aus und sprach:

»Was hat du denn nur für Träume?«

Da weinte sie den ganzen Tag und schlief mit Weinen ein. Am Morgen erwachte sie wieder im schönen Schlosse, und die Dienerinnen standen um sie her. Es ging geradeso wie das erstemal. Sie legte königliche Kleider an, fuhr zu ihrem Bruder und lud ihn mit seinem Gefolge auf ihr Schloß, um bei ihr zu essen. Gegen das Ende der Mahlzeit aber schaute wieder einer der Gäste zufällig aufwärts, und da er oben an der Decke ein Loch erblickte und darin den Wasserträger, rief er ganz laut:

»Ach seht, da ist ja Pezze e fogghi!« Pardauz! fiel das Schloß zusammen; der König und sein Gefolge wurden in das königliche Schloß versetzt. Die arme Königstochter aber saß wieder in ihrer Hütte auf dem Berge und trug ihr schlechtes wollenes Röckchen. Als ihr Mann nach Hause kam, klagte sie und sprach: »Nun sieh, jetzt ist es mir zum zweitenmal so und so ergangen. Gewiß bist du schuld daran.« Er aber lachte sie aus und sprach:

»Ach was, du träumest eben bei Tag und bei Nacht.«

Abermals verging ein Monat. Eines Abends weinte die Königstochter wieder bitterlich, und als sie einschlief, träumte sie denselben Traum

zum drittenmal. Am Morgen erzählte sie ihn ihrem Mann, der aber lachte nur darüber. Da weinte sie den ganzen Tag und schlief mit Weinen ein, und siehe da, am Morgen erwachte sie wieder im schönen Schloß.

»Jetzt weiß ich aber, was ich tu«, dachte sie, »ehe ich meinen Bruder einlade, mache ich es ihm zur Bedingung, daß keiner den Namen meines Mannes aussprechen darf.« Da fuhr sie in ihrem goldenen Wagen zu ihrem Bruder und lud ihn ein, bei ihr zu essen.

»Aber unter einer Bedingung«, sagte sie, »im Schlosse darf keiner den Namen meines Mannes aussprechen.«

»Gut«, sprach der Bruder, und alle fuhren ins Schloß, wo wieder ein schön gedeckter Tisch bereit stand. Sie setzten sich und aßen, und gegen das Ende der Mahlzeit tat sich wieder die Decke auf, und Pezze e fogghi saß oben und schaute auf die Gesellschaft herab, aber keiner rief: »Da oben sitzt Pezze e fogghi!« Als alle fertig gegessen hatten, kam Pezze e fogghi herab und saß in der Mitte des Zimmers auf einem schönen Thron und war nicht mehr ein schmutziger Wasserträger, sondern ein schöner Jüngling in königlichen Kleidern. Denn Pezze e fogghi war der Sohn des Königs von Spanien und war von einem bösen Zauberer verwunschen worden. Nun hatte die schöne Königstochter ihn erlöst. Da wurden drei Tage Festlichkeiten gehalten, und dann fuhr der Königssohn mit seiner schönen Gemahlin nach Spanien. Als sie fort waren, verschwand das Schloß und ward nicht mehr gesehen.

Von dem klugen Mädchen

Sizilianisches Märchen

Ein König, der »nur« sieben Töchter hat, ist ständig dem Spott seines Bruders ausgesetzt, der mit sieben Söhnen gesegnet ist. In diesem sizilianischen Volksmärchen gerät die Rose sogar zum Symbol der Emanzipation, denn die kluge Königstochter gewinnt mit ihrer Hilfe den Wettbewerb gegen den gleichaltrigen Vetter. Dazu muss sie sich allerdings als Mann verkleiden und in den Dienst des Königs treten, dem sie, so lautet die Aufgabe, seine Krone rauben soll. Doch dieser misstraut der Maskerade, er stellt seinem neuen Lieblingsdiener eine Falle. »Mädchen bevorzugen unscheinbare Nelken, Männer dagegen die sinnliche Rose«, hat ihm seine Mutter verraten. Die Kluge durchschaut ihn und wählt die Rose. Sie verschafft sich die Königskrone und kehrt als Siegerin zurück. Der König begibt sich auf die Suche nach seiner Angebeteten. Auch in ungewohnten Frauenkleidern erkennt er sie sofort.
Man raunt, die Kluge habe sich auf dem Weg zur Hochzeitskirche keine Nelken-, sondern Rosenblätter streuen lassen.

Es waren einmal zwei Brüder, der eine hatte sieben Söhne, der andere aber sieben Töchter. Wenn nun der Vater von den sieben Söhnen seinem Bruder begegnete, so rief er ihm immer zu: »Ach, Bruder, ihr mit den sieben Blumentöpfen und ich mit sieben Schwertern!« Das ärgerte den anderen über die Maßen und wenn er nach Hause kam, war er immer mißmutig und verstimmt. Seine jüngste Tochter aber war ein wunderschönes Mädchen und dabei sehr schlau.
Da sie nun ihren Vater immer so mißmutig sah, fragte sie ihn eines Tages, was ihm fehle. »Ach Kind«, antwortete er, »da ist mein Bruder, der wirft mir immer vor, daß ich nur sieben Töchter habe und keine Söhne, und sagt mir so oft er mich sieht: Ach, Bruder, ihr mit den sieben Blumentöpfen und ich mit sieben Schwertern!«
»Wißt ihr was, Vater«, sprach das kluge Mädchen, »wenn euer Bruder wieder so spricht, so antwortet ihm nur, eure Töchter seien klüger als seine Söhne und bietet ihm eine Wette an, er solle seinen jüngsten Sohn ausschicken und ihr wolltet eure jüngste Tochter ausschicken,

wem von beiden es zuerst gelinge, dem Königssohn seine Krone zu rauben.«

»Ja, das will ich tun«, sagte der Vater, und als er das nächste Mal seinen Bruder antraf, und der ihn wieder aufziehen wollte, antwortete er: » Ach Bruder, meine Töchter sind aber klüger als Eure Söhne, und zum Beweis dafür biete ich euch eine Wette an: Schickt euren jüngsten Sohn aus, so will ich meine jüngste Tochter schicken und dann wollen wir sehen, wer von beiden es zuerst bringt, dem Königssohn seine Krone zu rauben.« Der Bruder war es zufrieden und so zogen der Jüngling und die Jungfrau zusammen aus.

Als sie eine Weile gegangen waren, kamen sie an ein Flüßchen, in dem viel Wasser floß. Die Jungfrau zog ihre Schuhe aus, schürzte ihr Röckchen und watete munter durch das Wasser. Der Jüngling aber dachte: »Was soll ich mir meine Füße naß machen? Ich will warten, bis sich das Wasser verlaufen hat!«

Also setzte er sich hin, und damit das Flüßchen schneller trocken werden sollte, schöpfte er Wasser mit einer Haselnußschaale und goß es aus in den Sand. Seine Cousine aber ging weiter, bis sie einem Bauernburschen begegnete: »Schöner Bursche«, sprach sie, »gib mir deine Kleider, so will ich dir die meinigen dafür geben.«

Der Busche war es zufrieden und so nahm das Mädchen die Männerkleidung und legte sie an. Dann machte sie sich wieder auf den Weg, bis sie in die Stadt kam, wo der Königssohn wohnte. Sie begab sich vor das königliche Schloß und fing an, auf und ab zu gehen; der Königssohn aber stand am Balkon, und da er den schönen Jüngling sah, rief er ihn und fragte ihn, wie er heiße.

»Ich heiße Giovanni, und bin hier fremd«, antwortete sie, »könnt ihr mich nicht in euren Dienst nehmen?«

»Willst du mein Sekretär sein?« fragte der Königssohn.

Sie war es zufrieden und der Königssohn nahm sie in seinen Dienst und gewann seinen Sekretär von Tag zu Tag lieber. Wenn er aber ihre schönen weißen Hände betrachtete, so kam ihm immer der Gedanke: »Das ist ja keine Männerhand, Giovanni ist gewiß ein Mädchen!«

Da ging er zu seiner Mutter und sagte ihr das, sie aber antwortete: »Ach geh' doch, warum soll es nun gerade ein Mädchen sein?«

»Liebe Mutter«, sagte der Königssohn, ich bin gewiß, daß Giovanni kein Mann ist, seht doch nur seine feinen weißen Hände an!«

Johannes schreibt mit feiner Hand,
Ganz in der Art der Frauen
Wie kann ich ihm nur trauen?

»Nun denn, mein Sohn«, sprach die Königin, »wenn du dir Gewißheit verschaffen willst, so nimm ihn mit in den Garten. Wenn er sich eine unscheinbare Nelke pflückt, so ist er ein Mädchen - pflückt er sich aber eine schöne Rose, so ist er gewiß ein Mann.«
Da rief der Königssohn seinen treuen Diener und fragte: »Giovanni, wir wollen ein wenig in den Garten gehen?«
»Sehr wohl, Königliche Hoheit«, antwortete das kluge Mädchen, und sie gingen in den Garten. Sie hütete sich aber wohl, nach den Nelken zu schauen, sondern pflückte sich eine Rose und steckte sie sich ins Knopfloch.
»Sieh doch einmal die lieblich duftenden Nelken an«, versuchte der Königssohn sie zu locken. Sie entgegnete aber: »Was sollen wir mit den Nelken, wir sind ja keine Mädchen!«*
Nun ging der Königsohn zu seiner Mutter, die triumphierend sagte: »Siehst du, ich habe es dir ja gesagt!« »Nein Mutter«, antwortete er, »ich lasse es mir nicht ausreden, denn

Johannes schreibt
mit feiner Hand
ganz in der Art der Frauen
Wüßt gern, kann ich ihm trauen?

»Weißt du was«, sagte die Königin, »schlage ihm doch vor, dich ins Meerbad zu begleiten! Wenn er mitkommt, kann dir doch kein Zweifel bleiben.«
Also rief der Königssohn seinen Sekretär: »Giovanni, es ist heute so warm, wollen wir nicht zusammen ins Meerbad gehen?«
»Warum nicht!« antwortete das kluge Mädchen. »Wir wollen gleich

gehen, königliche Hoheit.« Als sie aber an den Meeresstrand kamen, rief sie auf einmal: »Ach, königliche Hoheit, ich habe vergessen, die Handtücher mitzunehmen; wartet aber einen Augenblick auf mich, während ich ins Schloß zurückeile und sie hole.« Da lief sie ins Schloß, trat vor die Königin und sprach: »Der Königssohn will sogleich seine goldene Krone haben, und läßt Euch bitten, sie mir ohne Verzug zu geben.« Da gab ihr die Königin die goldene Krone, und das kluge Mädchen schrieb schnell auf einen Zettel:

»Jungfräulich kam ich, jungfräulich geh ich weg.
Gefoppt ist der Prinz, gar schlau und frech.«

Diesen Zettel klebte sie am Schloßtore an, bestieg ein Pferd und ritt mit der Krone davon.

Als sie nun an das Flüßchen kam,
saß ihr Vetter noch immer da
und schöpfte Wasser
mit einer Haselnußschale..

Da zeigte sie ihm lachend die goldene Krone, und sprach: »Hatte mein Vater nicht Recht, als er meinte, wir seien klüger als ihr?« Damit ritt sie durch den Strom, und kam fröhlich nach Hause.

Unterdessen aber wartete der Königssohn immer noch auf seinen Sekretär, und als er endlich die Geduld verlor und nach Hause ging, sah er schon von weitem den Zettel am Tore, und als er ihn gelesen hatte, lief er voll Schmerz zu seiner Mutter und rief: »Sagte ich euch nicht, daß Giovanni ein Mädchen sei? Und nun ist sie fort, und ich wollte sie zu meiner Gemahlin erheben!« Er ließ sein Roß satteln und machte sich auf, das schöne Mädchen zu suchen.

Lange Zeit ritt er immer geradeaus, und so oft ihm jemand begegnete, fragte er ihn, ob er nicht einen schönen Jüngling habe vorbeireiten sehen, aber niemand konnte ihm Auskunft geben. Endlich kam er an das Flüßchen, wo der Sohn des anderen Bruders noch immer mit der Haselnußschaale Wasser schöpfte. »Schöner Bursche«, rief er ihn an, »ist vielleicht ein Jüngling zu Pferd hier vorbeigeritten, der in seiner Hand eine goldene Krone trug?«

»Das ist ja meine Base«, antwortete der Bursche, »die ist zur Stunde gewiß zu Hause.«

»So führe mich zu ihr hin«, verlangte der Königssohn, und sie gingen zusammen in die Wohnung des Mädchens.

Dieses hatte unterdessen wieder Frauenkleidung angelegt und sah so noch viel schöner aus, und als der Königssohn sie erblickte, eilte er auf sie zu mit den Worten: »Du sollst meine liebe Gemahlin sein!« Da nahm er sie auf sein Schloß, und sie ließ auch ihren Vater und ihre Schwestern hinzukommen.

Sie feierten eine glänzende Hochzeit und blieben zufrieden und glücklich, wir aber sitzen hier und schauen einander an.

Der Rosenbey
Elsa von Kamphoevener
86

»Dort wo im südlichen Teil von Kleinasien alles gedeiht und blüht in verschwenderischer Fülle, dort befinden sich auch die weiten Rosenfelder. Aus den Blättern der üppigen Zentifolie, deren Duft der stärkste und süßeste aller Rosendüfte ist, wird das Rosenöl gewonnen, davon ein einziger Tropfen jahrzehntelang die Frische des Duftes behält.«
So beginnt das Märchen vom jungen, schönen und reichen Rosenbey und von Gülilah, der Rosengleichen: Die Mutter tot, vom Vater vergessen, ist Gülilah ein einsames Mädchen, das Trost in einem Rosenbusch findet, der mit der Stimme der Mutter zu ihr spricht. Kaum ein Märchen gibt auf so wunderbare Weise die Vielfalt und Gegensätzlichkeit der Rosensymbolik wieder. Im Rosenbusch, in der Symbiose mit der Mutter, ist das Mädchen geborgen und gefangen zugleich. Es ist der Ort, in dem sie dornröschengleich zur Frau reifen kann, den sie aber verlassen muss, um ihr Leben zu leben.
Gleichzeitig sind die Rosen Schlüssel zur Erotik, denn sie verleihen ihr den Duft, mit dem sie schließlich das Herz eines attraktiven jungen Mannes gewinnt. Es ist der Rosenbey, der Besitzer riesiger Rosenfelder - der »Herr über die Rosen«.
Das gesamte Märchen würde unseren Rahmen sprengen. Wir haben deshalb Auszüge entnommen. Es beginnt, als Gülilah erstmals zum Rosenstrauch flüchtet - ihre Einsamkeit quält sie zu sehr.

Sie eilte fliegenden Fußes davon, und ihre grauen Schleier, in die sie sich zu hüllen liebte, flatterten wie Taubengefieder um sie herum. Zum Rosenstrauch der Mutter, nur dorthin, nur schnell! Bei dem vertrauten Platz angelangt, hockte Gülilah am Rosenstrauch nieder, legte die Hände weich und fest an das starke Holz der Rose und sagte leise, bittend, innig: »Annam« (das ist »meine Mutter«), »ich habe Kummer, tröste mich.«
Kaum hatte sie das gesagt, als der Rosenstrauch auseinanderzufallen schien, sich öffnete, wie wenn der Vorhang vor einem Gemach zurückgeschlagen wird, und aus ihm hervor klang die weiche, zärtliche

Stimme der Mutter. »Komm herein zu mir, mein Kind«, sagte sie, »und dein Kummer wird vergehn.«
Zuerst erschrak Gülilah ein wenig, aber dann wurde ihr ganz leicht und freudig zu Sinn, sie lachte leise und rief glückselig: »Ich komme, Annam, geliebte Mutter, ich komme!«
Sie trat ein in die schmale Öffnung, die ihre schlanke junge Gestalt weich umschloß, als umfange sie die Mutter, und der Rosenstrauch schloß sich hinter ihr.

Alle Blüten wandten sich nach innen Gülilah zu,
alle Dornen nach außen,
wie Waffen auf einem
Festungswall sich gegen den Feind richten.

Verzweifelt suchte Rukiya, Gülilahs Amme, ihrer aller Liebling, aber es dauerte bis zum Sonnenuntergang, daß sie an den Platz dachte, den die tote Herrin bevorzugte, und nun dort ihre bangen Rufe nach Gülilah erklingen ließ. Wie erstaunte sie, als eine frohe junge Stimme ihr aus dem Rosenstrauch heraus Antwort gab und gleich darauf der dornige Strauch seine blühende, duftende Innenseite zeigte!
Heraus schlüpfte Gülilah, selbst einer Rose gleich duftend, und ungezählte Rosenblätter hafteten an ihren grauen Schleiern. »Ich war bei der Mutter, Rukiya, meine Seele, und ich bin so glücklich, oh so glücklich!«
Die alte Frau dachte sich, daß es mehr Wunder gebe, als ein Mensch allein verstehen könne, und wenn es nun so sich gestaltete, daß Gülilah von der neuen Herrin Ansprüche nichts bemerkte, vielmehr im Rosenstrauch geborgen blieb - wie gut war es dann, und wie beruhigt konnten sie alle sein!
Und wirklich wurde es so, wie die treue Seele gehofft hatte. Da ihm niemand von Gülilah sprach, vergaß der Handelsherr bald, daß er jemals eine Tochter gehabt hatte, und Gülilah lebte, von den Sklavinnen umsorgt und verhätschelt, unbehelligt in den weiten Räumen des großen Hauses dahin.

Die nächsten Jahre fließen ereignislos dahin, aus Gülilah wird ein schönes junges Mädchen, das seiner Amme vollkommen vertraut. Rukiya hat beschlossen, dass ihr Schützling an einem Heiratswettbewerb teilnehmen soll. Der Rosenbey soll verheiratet werden. Mit einer List hat seine Mutter ihn dazu gebracht, sich endlich eine Braut zu suchen. Er soll das Mädchen heiraten, welches am süßesten duftet, »einer kostbaren Rose gleich, einer einzigartigen.«
Natürlich dürfen sich ihm die heiratsfähigen Mädchen des Landes nur tief verschleiert präsentieren. Der Rosenbey ist besorgt, ob er - nur auf seine Nase angewiesen - die richtige Wahl treffen wird. Am festgesetzten Tag finden sich 16 Bewerberinnen im Hof des Harems ein. Jede ist mit den kostbarsten Rosendüften einparfümiert. Einzig ahnungslos ist Gülilah - sie wird von ihrer Amme ohne ihr Wissen in einer zugehängten Sänfte in eben diesen Innenhof gebracht; und gleich wieder nach Hause getragen ...

Dort, wo die Sänfte gestanden hatte, lag eine Rose, die wohl dem jungen Wesen in den grauen Schleiern entfallen war, als sie sich so hastig ins Innere der Sänfte zurückflüchtete ... eine Rose, wie dieser Rosenkenner sie noch niemals gesehen hatte. Omer, der Rosenbey, vergaß alles um sich herum, stand und hielt die fremde Rose in der Hand und sog ihren Duft ein; beide Hände hatte er zu einer Höhlung geformt, und darin ruhte die Rose. Er ging wie ein Träumender den Weg zurück, den er gekommen war, hin zu der kleinen Tür im Winkel des Hofes, vorbei an den sechzehn duftenden Mädchen, die er nicht sah, vorbei an dem ängstlichen fragenden Eunuchen, den er nicht hörte, hinauf in seine Räume, dort vorbei an den entrüstet fragenden Freunden, hin zu seinem Schlafgemach, in dessen kühler Dämmerung er sich auf sein Lager streckte, die becherförmig geformten Hände vor dem Gesicht, mit tiefen langsamen Atemzügen den Duft der fremden Rose einatmend. Und so blieb er. Der Tag verging, die Nacht kam, er rührte sich nicht. Sein Diener stellte Becher auf Becher des mit Bergschnee gekühlten Wassers neben ihn, auch eine Schale mit Trauben, und das war alles, was Omer in drei Tagen und drei Nächten zu sich nahm, während deren er sich nicht von der Stelle rührte. Die

Rose aber, die fremde Rose in seinen Händen, sie verwelkte nicht!
Tief beängstigt stand oftmals seine Mutter neben ihm, blickte auf diesen Träumer nieder, verließ ihn schweigend wieder. Was sollte sie tun? Sie hatte anfangs zu ihm gesprochen, hatte ihren Ärger an ihm auslassen wollen, der sie in eine so schmähliche Lage gebracht hatte und sechzehn Mütter zu ihren Feindinnen gemacht ... doch bald begann sie zu begreifen, daß hier ein besonderes Kismet gewaltet haben mußte, war doch diese Rose, die niemals welkte, ein deutliches Zeichen, daß hinter all diesem ein Ifrit oder eine mächtige Peri stand. Welcher sterbliche Mensch aber vermochte gegen solche Gewalten etwas?
Und dennoch schien es einen sterblichen Menschen zu geben, der gegen alles dieses etwas vermochte, und der hieß Rukiya. Die Getreue war über das so mächtig starke Gelingen ihres verschlagenen Planes selbst erschrocken. Als Gülilah ganz aufgeregt zurückgekommen war, von den zwei keuchenden jungen Sänftenträgern im Laufschritt herangebracht, sich in die Arme der Dienerin warf und atemlos berichtete von einem jungen Padischah, der auf sie zugekommen sei – einem, der dem Licht der Sonne gleiche und dem sanften Strahl des Mondes zugleich – , da war es der Getreuen doch sehr bange ums Herz geworden. »Aman, aman«, klagte sie vor sich hin, »wer bin ich, daß ich es mir herausnahm, mit dem Kismet zu spielen? Was soll nun werden und wie wird es alles enden?« Sie war schon drauf und dran, sich dem gestrengen Handelsherrn anzuvertrauen, als dieser ihr den Entschluss zunichte machte, da er am dritten Tage nach dem großen, von ihm nicht geahnten Ereignis zu einer langen Reise aufbrach, auf die er seine neue Frau mitnahm. So waren sie wieder allein im Sklavenhause und hatten nur die junge Gülilah zu bedienen und zu verwöhnen. Die aber war jetzt ganz in Träume versponnen, war kaum noch für die Nacht aus dem Rosenstrauch herauszulocken und verstrickte durch ihr Verhalten die getreue Rukiya immer tiefer in Sorgen und Ängste. Als die Alte nun vollends vernahm, wie es mit dem Rosenbey seit jenem schicksalsreichen Tage so seltsam stünde, daß er nicht lebe, nur noch träume, da fasste sie ihren Entschluss. Sie machte sich auf zum Hause Omer Beys und ließ dort bitten, sie zu der Mutter des Herrn zu

bringen, da sie dem Bey Heilung versprechen könne. Diese Worte wirkten wie ein Zauberschlüssel, und schon stand Rukiya vor Omers Mutter. »Bringe mich zu ihm, Herrin«, sagte sie, »denn ich weiß, woher jene Rose kam, und kann ihn zum Strauche bringen, daran sie wuchs. So wird er geheilt sein, Inschallah.« Die Mutter Omer Beys fragte nichts und zögerte auch nicht; sie packte Rukiya am Arm, sah sie strahlend an und sagte: »Komm mit mir, meine Schwester, dich sandte ein guter Geist« und zog sie mit sich fort durch die weiten Gänge des großen Hauses bis zum Eingang des Selamlik, das sie als Mutter des Hausherrn betreten durfte. Dem Diener am Vorhang der Eingangstür flüsterte sie zu: »Laß uns durch, Sami, wir bringen dem Herrn Heilung«, worauf er schweigend zur Seite trat. Die Mutter ging lautlos und eilig durch die hohen stillen Räume, schlug einen Vorhang zurück und wies stumm auf das Lager, darauf die reglose Gestalt des Sohnes ruhte. »Er hält die Rose in den gehöhlten Händen, siehst du es, Schwester? Die Blume blieb frisch wie am Tage, da er sie fand. Geh hin, sprich zu ihm, rufe ihn an!« Rukiya nickte, tat einige schnelle Schritte und sagte eindringlich leise, sich tief zu dem Liegenden herabbeugend, so daß ihre Schleier ihn streiften: »Herr, willst du den Strauch finden, an dem die Rose in deinen Händen wuchs, so komme mit mir.«

Kaum waren die Worte verhallt, als der Bey auch schon aufrecht vor Rukiya stand; er packte sie am Arm, sagte heiser und leise: »Bringe mich hin, schnell ... und wehe dir, wenn du mich betrogst.«

»So komme, Herr. Willst du zu Fuß gehen? Es ist nicht weit.« »Ja, ja, gehen wir, gehen wir. Sieh nur, wie schön sie ist, meine Wunderrose, und ... ach, wie sie duftet!« Rukiya war eine sehr ruhig und einfach denkende Frau, und sie merkte, daß sie diesen gänzlich verstörten Träumer wie ein Kind behandeln mußte, wollte sie ihr Ziel erreichen. So packte sie ihn am Arm, machte der Mutter und Hausherrin ein Zeichen, das diese auch sogleich verstand, denn sie ging voran, den Weg zum Ausgang weisend. Omer Bey schritt fast taumelnd neben Rukiya her, hatten ihn die drei Tage und Nächte doch beträchtlich geschwächt. Sie zog ihn mit sich durch schmale dämmerige Straßen und erreichte in Kürze die Umfassungsmauern des großen Besitzes, in dem Gülilah daheim war. Der Bey fragte nichts, sah sich auch nicht um, taumelte nur wie im Traum befangen dahin. Ohne sich dem Hause zu nähern, trat Rukiya durch das hohe in der Mauer befindliche Tor ein und führte Omer an den weiten Gärten entlang in den waldigen Teil, darin sich der geheimnisvolle Rosenstrauch befand. Sie wusste in Wahrheit nicht, ob sie es vermochte, die Ereignisse weiter zu beherrschen, ob sie Gülilah etwas berichten sollte von der Anwesenheit des sonnengleichen Mannes, und es war ihr bei allem recht ängstlich zu Sinne. Als sie nun bei dem Rosenstrauch anlangte, sah sie erschreckt, daß er alle Dornen nach außen gestreckt hatte. So war Gülilah darin? Was tun ... ach, was tun?

Aber eben an diesem Punkte bewies das Kismet, daß es dennoch immer das Führende bleibt und sich der menschlichen Hilfe nur ganz nebenbei bedient, denn der Bey hob den gesenkten Kopf, sah sich um, holte tief Atem, sagte leise und voll Beglückung: »Der Duft! In Wahrheit der Duft meiner Rose! Oh, sei bedankt, du glückselige Botin! Aber warum hat er alle Dornen nach außen, dieser geliebte Strauch? Verbirgt er sie, die gleich seinen Rosen duftet?«

Leise und sacht strich der Bey mit seinen immer noch gehöhlten Händen an den Dornen des Rosenstrauches entlang. Da - Rukiya erschrak heftig - erklang aus dem Strauch die weiche Stimme Gülilahs; sie sagte: »Bist du es, mein Bey, mein Herr und Gebieter? Bist du es? Sprich!«

Ömer Bey drückte die Hände fest gegen die Brust und sagte leise wie ein Hauch: »Ich bin es, Rosengleiche! Ich kam, um an deinem Duft zu genesen und zu neuem Leben zu erwachen. Warum aber verbirgst du dich vor mir? Darf ich nicht deine taubengrauen Schleier mit den Fingern streifen, zart und ehrfürchtig, wie man geweihte Talismane berührt, du Rosengleiche?«

Da klang ein helles, junges Lachen aus dem Rosenstrauch hervor, und Gülilah sagte heiter: »Du darfst es nicht, Herr! Und ich verberge mich, weil mir so meine Mutter zu tun befahl. Sie schloß mich hier ein und befahl mir so zu sprechen: wenn er jetzt kommt, der vom Dufte deiner Rose träumt, dann sage ihm dieses: der Strauch wird sich öffnen, wenn du ihn ausgegraben hast, tief und lange gegraben hast, vierzig Tage lang; zur selben Zeit sollst du auf deinem eigenen Grund ein Loch graben lassen, das ebenso tief sei wie dieses, das du um meinen

Strauch ziehen lässest; dann bringe den Strauch hin zu deinem Grund und Boden, senke ihn dort in dein Erdreich, und der Strauch wird sich öffnen, dir die zu zeigen, die dir bestimmt ist. Vorher aber wirst du sie nicht erblicken. So, Herr, gab mir meine Mutter auf, zu dir zu sprechen.«

Gülilah schwieg; Rukiya hatte sich ganz im Hintergrund verborgen, den Schleier noch fester um sich gezogen, und ihr Herz schlug schwer und hart vor Bangen. Was hatte sie da angerührt? Der Bey aber schien nicht erschrocken; er ließ sich vor dem Strauch nieder, auf den Absätzen hockend, und fragte: »Ist deine Mutter bei dir dort darinnen, Rosengleiche?«

»Nein, Gebieter, sie starb und ließ mir diesen Strauch als Trost zurück, und bin ich in ihm, höre ich ihre Stimme. Bisher konnte ich aus und ein, wann immer ich wollte, nun aber - vierzig Tage sind eine lange Zeit. Und wirst du graben lassen wollen, mein Bey?«.

Ömer lachte leise, sagte schnell: »Wenn du mir eine deiner Wunderrosen zuwerfen kannst, so wird sie mich über die vierzig Tage fort trösten, und ich werde sogleich den Befehl geben, daß mit dem Graben begonnen wird. Bekomme ich die Rose ?«

»Da ist sie, mein Bey«, sagte die weiche Stimme, und ein winziger Spalt zeigte sich in den Dornen, zwei zarte Finger warfen eine Rose hindurch; ehe aber der Bey die Finger erfassen konnte, schloß sich der Spalt wieder, doch er hielt eine Rose in Händen, derjenigen gleich, die ihm solange ihren Duft geschenkt hatte und ihm frisch geblieben war. Kaum aber legte er die frische Rose neben die erste, die er noch hielt, als diese in duftenden Staub zerfiel. Der Bey wischte den Staub der ersten Träume von seinen Fingern, sprang auf, barg die zweite Rose in seinem Gewand, sagte heiter und eifrig:

»Ich gehe, Rosengleiche, und bringe schon jetzt Arbeiter herbei. Immer werde ich hier sein, mit dir reden, mit dir scherzen, und jeden Tag sollst du mir eine neue Rose geben. Willst du es so, du Liebliche?«

»Ich will es, Herr«, sagte die junge weiche Stimme, und als der Bey davoneilte, wollte es ihm scheinen, er habe Flügel an den Füßen, wie es von den Ifrits berichtet wird.

Und so, wie es geplant war, so geschah es. Jeden Tag und den ganzen Tag saß der Rosenbey vor dem Rosenstrauch, der seine Gefangene nicht freigab, und sie redeten, sie scherzten, sie glaubten sich sehen zu können. In Verborgenheit bei den Bäumen stand Rukiya, die auch immer wieder ihren Liebling fragte, ob nicht Hunger, nicht Durst sie plage?

»Für den Durst genügt der Tau, Rukiya,
für den Hunger aber Duft der Rosen;
es ist, als sättige er mich gleich einer köstlichen Speise.«

Vierzig Tage, vierzig Nächte. Der Mann draußen vor dem dornigen Strauch, das Mädchen drinnen zwischen lauter Rosen, die Arbeiter im weiten Umkreise grabend, immer tiefer grabend, denn keine noch so zarte Wurzel durfte verletzt werden. Und ebenso andere Arbeiter im Grund und Boden des Rosenbey grabend nach gleicher Art. Die Tore blieben geschlossen, aber viel Volks stand draußen vor den Mauern, schweigend das Wunder dort drinnen bewachend. Und die Mutter des Bey richtete die Gemächer her für die, die als des Sohnes Braut einziehen sollte.

Von all diesem wußte nur einer nichts, der Handelsherr, der Vater der Gülilah, und er erfuhr auch nie etwas davon, denn auf diesem Zuge ward er das Opfer räuberischer Scharen und nur ein Diener konnte entkommen und die schlimme Nachricht bringen, auch, daß des Gebieters Weib von den Räubern mitgeschleppt worden sei. So gab es niemanden, der Ja oder Nein zu sagen gehabt hätte, als am vierzigsten Tage die Grube um den Rosenstrauch ausgeschachtet war.

Der sorgfältig dafür gebaute große und breite Wagen, gezogen von starken Maultieren, stand bereit, und mühsam, unter vielem Rufen und angstvollen Beschwörungen des Beys, man möge den Strauch nicht erschüttern, wurde er endlich aufgeladen, und die hohen Tore ihres Heimathauses öffneten sich, um Gülilah, die Gefangene des Rosenstrauches, hindurchzulassen. Der Rosenbey ging nebenher, sprach zu ihr, stellte besorgte Fragen, wenn auf der unebenen Straße der Wagen

stieß; sie aber lachte nur, denn sie zitterte vor Freude und Erwartung. Wenn sie es auch nicht zugestand - welches Mädchen hätte solches jemals zugestanden - sie hatte ihn, den sie sonnengleich nannte, jeden Tag einmal gesehen. Wenn sie ihm die tägliche Rose durch den feinen Spalt reichte, dann spähte ein dunkles Auge an der winzigen Öffnung und erlabte sich am Anblick dessen, der Schicksal, Glück und Liebe bedeutete.

Er aber? Er hatte sie noch niemals gesehen. Und wenn es auch die Sitte so erfordert, daß der Bräutigam die ihm Bestimmte erst anblickt, wenn sie ihm schon ehelich angetraut ist, hier hatte es etwas gegeben, das sonst niemals vorkam: sie hatten vierzig Tage lang miteinander gesprochen, sich alles Sehnen und Denken anvertraut und kannten sich, soweit sich Mann und Frau jemals kennen können. War sie so schön, so lieblich wie der Rosenduft, der sie umgab, es ihm vorspiegelte? Oh, Ungeduld und Sehnen! Hätte er doch wieder wie damals Flügel des Ifrits an den Füßen, und schwebte doch der schwere Wagen mit seiner großen Last auf Wolken!

So dachte Ömer auf dem ihm endlos erscheinenden Weg zu seinem weiten Besitz. Endlich nun, endlich! Da erblickte er schon eine Menschenmenge, vernahm das Rufen seiner Freunde, schritt ihm feierlich und freudig der Iman entgegen, der, kaum daß sich der Strauch öffnete, ihm die Rosengleiche verbinden sollte. Nahe der großen weiten Grube sah er die tief verschleierte Mutter stehen, denn sie wollte die neue Tochter sogleich in ihre Obhut nehmen; neben der Mutter Ömers stand mit klopfendem Herzen die treue Rukiya. Jetzt dann - jetzt war es soweit! Der Wagen war derart gebaut worden, daß seine eine Seite sich kippen ließ. »Langsam, nur jetzt langsam!« beschwor der Bey seine Arbeiter. »Sei ohne Sorge«, rief die lachende Stimme aus dem Rosenstrauch, »ich halte mich fest, lasse sie nur tun!«

»Maschallah!« riefen die, die zum ersten Male diese Stimme aus der Rose hörten und sich des Wunderns nicht genug tun konnten. Und jetzt, jetzt eben berührte die Erde des Rosenstrauches die Erde von des Beys Heimatgrund, jetzt eben sank der Strauch tiefer ein, sank, war am großen Erdblock im Grunde der Grube angelangt.

Kaum aber war das geschehen, als, ohne daß eine Hand sich rührte, die beiden Erdflächen sich aneinander schlossen, und zugleich öffnete sich, wie ein Vorhang sich auftut, der Strauch. Da stand sie, Gülilah, die Rosengleiche. Hinter ihr Rosen, ihr zu Seiten Rosen und dazwischen die schlanke junge Gestalt, in ihre grauen Schleier gehüllt, die zwei schmale Hände über der Brust zusammenhielten. An diesen Schleiern aber war nicht ein einziges Teilchen, nicht ein Fältchen, das nicht ein Rosenblatt hielt, und so sah sie aus, als sei sie in Rosen gekleidet und von einer Wolke umschwebt. Schweigen grüßte diesen wundersamen Anblick, den niemand vergaß, dem er zuteil geworden war. Der Bey stand wie versteint, denn er glaubte, sein Herz müsse ihm zu den Lippen herausspringen, so wild tobte es in ihm. Dieses Wunder sein eigen? Diese Schönheit sein? In das Schweigen erhob sich langsam wie singend die tiefe Stimme des Imams, sprach, fragte, sprach wieder und sagte dann endlich: »Nimm, mein Sohn Ömer, dieses dein Weib Gülilah und sorge, daß kein Auge außer dem deinen ihre Rosenschöne betrachte.«

Da rührte sich Gülilah; sie streckte die Hände aus, und sogleich war Ömer bei ihr, hob die schmale Gestalt aus dem Rosengehäuse, hüllte seinen weiten Mantel um sie und trug sie mit federnden Schritten in sein Haus.

... Rukiya aber, die Treue, der dieser Tag die Freiheit gebracht hatte und die Gebieterin über die Sklavinnen der jungen Herrin wurde, sprach an diesem Abend zu ihren Untergebenen, den dienenden jungen Frauen und Mädchen. Sie sagte: »Hört mich, ihr, die ihr auch an Männerliebe denkt, hört, was ich euch sage! Dieses, was hier uns geschah, wird fortleben noch für Ungeborene, wird ein Beispiel sein für Liebe und ihre Wunder. Und wenn auch viele Zweifler sagen werden, es sei alles nur eine Sage, ein Märchen - laßt sie! Wir kennen die Wahrheit und die Wirklichkeit, und jede Rose, die aus unserem Tal ihren Duft entsendet, wird bis in fernste Zeit künden von Ömer und Gülilah. Elhamdülillah.«

Und so war es, so ward es, so blieb es.

Die Rosenschöne

Türkisches Märchen

Das türkische Volksmärchen erzählt von einem geradezu himmlischen Wesen. Feen haben der Rosen-Schönen besondere Eigenschaften vermacht: Perlen entfallen ihren Augen, wenn sie weint. Rosen erblühen, wenn sie lacht, und Gras sprießt, wo sie geht. Man kann darin eine fein gezeichnete Symbolik erkennen, die die Entwicklung des Mädchens andeutet: Perlen stehen für ihre Unschuld, Rosen für die erblühende Erotik und das sprießende Gras für Fruchtbarkeit und Wachstum.
Natürlich verliebt sich ein junger Sultan in dieses außergewöhnliche Geschöpf. Doch eine neidische Palastdame vereitelt die Verbindung, nimmt Rosen-Schöne das Augenlicht und präsentiert dem Bräutigam die eigene Tochter als falsche Braut. Ohne die Rosen(-erotik) von Rosen-Schöne jedoch will im fürstlichen Gemach keine rechte Lust aufkommen.
Rosen-Schöne durchlebt indes eine schwere Zeit, in deren Verlauf sie zu einer reifen Frau aus Fleisch und Blut wird. Zwar kann sie ihre Augen im Tausch gegen Rosen zurückbekommen. Von der Palastdame entdeckt, fällt sie aber doch wieder einer Intrige zum Opfer und stirbt. Erst als sie im Grab liegt, durchschaut der Sultan das Komplott und rettet die Liebste.

Es war einmal, oder es war einmal nicht, es war in uralter Zeit, als man noch Stroh siebte, als das Kamel noch Pferdehändler, die Maus Rasierer, der Kuckuck Schneider, der Esel noch Bedienter und die Schildkröte noch Bäcker war; - damals war ich nur fünfzehn Jahre alt und schaukelte schon meinen Vater in seiner Wiege; damals war es, ob es war oder nicht, kurz, es war ein Müller und dieser hatte eine schwarze Katze.

Dann war aber auch ein Padischah und dieser hatte drei Töchter, von denen die eine vierzig, die andere dreißig und die jüngste zwanzig Jahre alt war. Einmal hetzte die vierzigjährige Tochter die jüngste auf und ließ sie folgenden Brief an ihren Vater schreiben: »Herr Vater! Die eine meiner Schwestern ist vierzig, die andere dreißig Jahre alt und du hast sie noch nicht verheiratet. Fürwahr, ich will nicht auch so alt werden, bis ich endlich einen Mann bekomme!«

Der Padischah las den Brief, ließ seine Töchter herbeiholen und sprach also zu ihnen: »Hier habt ihr jede einen Pfeil, schießt ihn ab und wohin er fällt, dort mag jede ihren Zukünftigen suchen.« Die drei Mädchen nahmen also die drei Pfeile; zuerst schoß die älteste, deren Pfeil in den Palast des Sohnes des Wezirs fiel; man gab sie dem Sohne des Weziers zur Gattin. Der Pfeil der mittleren fiel in den Palast des Sohnes des Schejkislam und man gab sie ihm zur Gattin.

Das jüngste Mädchen schoß auch ihren Pfeil ab und dieser flog in die Hütte eines Badeheizers. »Es gilt nicht«, rief man und als sie nun zum zweiten Male schoß, da flog der Pfeil wieder dorthin. Sie schoß zum dritten Mal und wieder flog der Pfeil in die Hütte des Badeheizers. Der Schah wurde nun zornig und schrie seine Tochter an: »Nun, Garstige, das ist dir recht. Sieh, deine älteren Schwestern warteten geduldig und haben ihr Ziel erreicht; du warst die jüngste und doch hast du den Brief geschrieben; nun, hier hast du die Strafe. Führt sie hinweg zu jenem Badeheizer, ihrem Gatten, und gebt ihr weiter nichts!« Man führte also das arme Mädchen zum Badeheizer hin und gab sie ihm zur Frau.

Eine Zeitlang lebten sie miteinander, da wurde die Frau schwanger und als die Zeit der Geburt eintrat, eilte ihr Gatte um eine Hebamme. Während der Badeheizer also eine Hebamme suchte, überfiel der Schmerz die Frau, aber sie hatte kein Bett, worin sie sich hätte niederlegen, sie hatte kein Feuer, an dem sie sich hätte erwärmen können; und dabei herrschte ein strenger Winter.

Sie weinte und jammerte, da traten aus der Hüttenwand drei wunderschöne Feen hervor. Die eine stellte sich zu ihrem Haupte, die andere zu ihren Füßen, die dritte neben sie und dann schritten sie ans Werk. Und plötzlich ist alles in der kleinen Hütte in Ordnung, in reinem Bette befindet sich die Königstochter, neben ihr das neugeborene Mägdlein. Als die drei Feen mit allem fertig waren und sich entfernen wollten, traten sie einzeln an das Lager heran und die eine sprach:

»Rosen-Schöne soll es heißen;
Und so oft es weint, Perlen ausstreun.«

Die Zweite sprach:
»So oft es lacht, sollen Rosen erblühen!«

Die Dritte sprach:
»Wo es hintritt, sollen Gräser sprießen!«

Hierauf verschwanden die drei Feen.
Inzwischen suchte der Badeheizer vergeblich nach einer Hebamme; er fand keine. Was sollte er nun beginnen; er eilte heim und war nun erstaunt, daß seine Frau schon erkrankt, seine ärmliche Hütte in Ordnung gebracht und seine Gattin in einem schönen Bette lag. Die Frau setzte ihm den Hergang auseinander. Wie dem auch sei, etliche Zeit verging, das Mädchen wuchs von Tag zu Tag und erreichte das zehnte bis zwölfte Jahr und wurde schön, wie auf der Welt noch keins gesehn ward, so daß wer es nur einmal anblickte, in Liebe erbrannte und obendrein erblühten Rosen, wenn sie lachte, Perlen entfielen ihren Augen, wenn sie weinte und Gras entspross ihren Fußspuren. Wer sie gesehen, der hätte selbst seine Seele für sie hingegeben; groß war aber auch der Ruf ihrer Schönheit.
Von diesem Mädchen vernahm auch eines Prinzen Mutter und sie nahm sich vor, dieses und kein anderes solle die Gattin ihres Sohnes werden. Sie ließ den Sohn zu sich rufen und sagte ihm, daß ein solch' schönes Mädchen in der Stadt lebe, welches Rosen lacht, Perlen weint und ihren Fußspuren Gras entsprießt; er solle es sich ansehn.
Dem Prinzen hatten die Feen die schöne Rose, das Mädchen, schon längst im Traume gezeigt und seither zehrte an ihm der Liebe Glut, aber er schämte sich vor seiner Mutter und weigerte sich scheinbar, zu dem Mädchen zu gehen. Die Mutter aber drang in ihn und rief endlich eine Palastdame, die sie zum Diener begleiten sollte. Sie traten in die Hütte ein, erklärten den Grund ihres Erscheinens und auf Allahs Befehl freiten sie das Mädchen für den Schehzade. Die armen Leute freuten

sich des großen Glücks, sprachen das Mädchen zu und begannen ihre Vorbereitungen zu treffen.
Jene Palastdame aber hatte eine Tochter; die war etwas schön und glich ein wenig der Rosen-Schönen.

Diese Frau grämte sich gar sehr,
daß der Prinz jenes arme Mädchen heiraten solle,
daß eine Dienerstochter Sultansfrau werde,
nicht aber ihre Tochter.

Sie dachte nun bei sich, daß sie die Leute betrügen und statt der Rosen-Schönen ihre Tochter dem Prinzen zuführen werde. Sie tat auch also, wie sie es sich ausgehockt hatte. Am Hochzeitstage gab sie dem Mädchen salzige Speisen zu essen, nahm einen Krug voll Wasser und einen großen Korb und setzte sich nun mit der Rosen-Schönen und ihrer eigenen Tochter auf den Brautwagen und fuhr dem Seraj (Palast) zu.
Auf dem Wege wurde das Mädchen durstig und verlangte von der Frau Wasser. »Ich gebe dir so lange kein Wasser«, sprach die Palastdame, »bis du mir nicht eines deiner Augen hergibst.« Das Mädchen verdurstete beinahe; was sollte sie machen, sie grub sich das eine Auge heraus, und gab es um einen Trunk Wasser hin.
Sie fuhren nun weiter und bald empfand das Mädchen wieder Durst, sie verlangte Wasser. »Ich gebe dir, wenn du auch dein anderes Auge hergibst«, versetzte die Frau. Der Durst plagte die Arme so sehr, daß sie für einen zweiten Trunk auch ihr anderes Auge hingab. Die Frau nahm nun die beiden Augen und versorgte sie, das blinde Mädchen aber steckte sie in den Korb hinein und ließ es auf einer Bergspitze zurück. Das schöne Brautkleid zog sie ihrer Tochter an, führte sie dem Prinzen zu und mit den Worten: »Hier deine Frau«, übergab sie ihm dieselbe.
Eine große Hochzeit wurde gefeiert und als man die Braut dem Bräutigam übergab und dieser ihren Schleier anhob, sah er, daß nicht das Mädchen seines Traumes vor ihm stand. Da es aber seinem Traumbilde ein wenig glich, so sprach er kein Wort über die Sache. Sie legten sich nieder, den nächsten Morgen standen sie auf, der Prinz wußte, daß das

Mädchen seines Traumes Perlen weine, Rosen lache und daß Gras ihrer Fußspur entsprieße, - diese hatte aber weder Perlen, noch Rosen und Gras. Der Jüngling ahnte, daß man ihn betrogen hatte, daß dies nicht das Mädchen sei, das er hätte erhalten sollen; aber bald werde ich es erfahren, dachte er sich, und sprach zu niemandem ein Wort davon. Während diese im Palaste lebten, weinte und jammerte die arme Rosen-Schöne auf dem Berggipfel und Perlen entrollten ihren Wangen, so daß sie im Korbe kaum mehr Platz fanden. Ein Misträumer kam eben des Weges und wollte den Mist dort ausleeren, als er das Weinen des Mädchens hörte; erschreckt fragte er: »Wer ist da, bist du ein Geist oder eine Fee?«
Das Mädchen antwortete: »Ich bin weder ein Geist, noch eine Fee; ich bin ein Mensch wie du.« Der Misträumer näherte sich dem Korbe, öffnete denselben und erblickte nun das blinde Mädchen und die ihr entrollenden vielen Perlen. Er führte nun das Mädchen in seine Hütte und nachdem der Alte niemanden auf der Welt hatte, so nahm er sie an Kindesstatt auf und pflegte sie so, als ob es sein eigenes Kind wäre. Aber das Mädchen beklagte immerfort seine beiden Augen und der Mann hatte nun nichts anderes zu tun, als die Perlen zu sammeln und wenn ihm das Geld ausging, dieselben zu verkaufen. Also lebten sie.
So verging die Zeit, im Palaste voll Lustbarkeit, beim Misträumer voll Kummer und Leid. Da saß eines Tages die Rosen-Schöne in der Hütte, es fiel ihr etwas ein, sie lächelte und auf ihr Lachen sproß eine Rose hervor. Nun sprach das Mädchen zu seinem Misträumer-Vater: »Nimm diese Rose, Väterchen, geh' damit vor den Palast des Prinzen und rufe, daß du Rosen verkaufest, solche, wie sie selten zu haben sind. Kommt die Palastdame heraus, so verkaufe ihr keine Rosen für Geld, sondern sage, daß du sie für Menschenaugen feil bietest.«
Der Mann nahm die Rose in die Hand, ging vor den Palast und begann zu rufen: »Ich verkaufe Rosen, solche, wie keine dergleichen auf der Welt zu haben sind!« Und es war damals nicht einmal die Rosenzeit. Zuerst hörte dies die Palastdame und dachte sich, sie werde die Rose für ihre Tochter kaufen, damit der Prinz denke, daß sie doch seine rechte Gattin sei. Sie rief den armen Mann herbei und

fragte ihn, wie teuer er die Rose verkaufe? »Für nichts«, versetzte der Misträumer, »sie ist für Geld nicht feil, aber für ein Menschenauge gebe ich sie hin!«
Die Frau nahm das eine Auge der Rosen-Schönen hervor und gab es für die Rose hin. Sie trug die Rose gleich ihrer Tochter hin, steckte sie ihr ins Haar und als der Prinz am Abend die Rose erblickte, wähnte er die Fee seines Traumes in ihr zu erkennen, konnte sich aber nicht erklären, wie sie hergelangt sei. Er tröstete sich, daß er bald den Sachverhalt erfahren werde und sprach zu niemandem ein Wort davon.
Der Alte ging mit dem einen Auge fort und übergab es seiner Tochter, der Rosen-Schönen. Diese setzt es sich ein, flehte zum allmächtigen Allah, blickte herum und siehe da! sie sah mit dem Auge ganz gut. Das arme Mädchen freute sich darüber so sehr, daß ihrem Lächeln abermals eine Rose entsproß. Auch diese gab sie ihrem Vater, damit er wieder vor den Palast gehe und dieselbe für ein Auge verkaufe.
Der Alte nahm also die Rose in die Hand und kaum, daß er vor dem Palaste zu rufen begann, so hörte ihn schon die Frau. »Er kommt mir eben recht«, dachte sie sich, »der Prinz beginnt schon meine rosengeschmückte Tochter zu lieben; ich kaufe auch diese, damit er sie noch mehr lieb gewinne, dann wird er bald des Dieners Tochter vergessen«. Sie rief den Misträumer herbei, verlangte die Rose, doch er gab sie wieder nicht für Geld, sondern für ein Menschenauge hin. Die Frau gab ihm das andere Auge hin, der Alte eilte damit nach Hause und übergab es seiner Tochter.
Die Rosen-Schöne setzte es sich ein, flehte zu Allah, blickte dann herum und freute sich nun ihrer beiden Augen so sehr, daß ihrem Lächeln viele Rosen entsprossen. Sie wurde noch schöner als sie früher gewesen. Eines Tages ging nun die Rosen-Schöne spazieren und überall entsprossen Rosen ihrem Lächeln, Gräser ihrer Fußspur.
Die Palastdame erblickte das Mädchen und erschrak sehr. Was wird nun mit ihrer Tochter geschehen, wenn man die Sache erfährt! Sie erkundigte sich nach des Misträumers Wohnung, eilt hin und jagt dem armen Alten Schrecken ein, weil er eine Hexe beherberge.

Der Alte hatte nie in seinem Leben eine Hexe gesehen und er war nun ganz außer sich vor Schrecken; er fragte die Frau, was er denn beginnen solle. »Frag sie«, rät ihm die Frau, »nach ihrem Talisman (tylysym); ich werde dann schon die Sache schlichten!«

Als seine Tochter heimkehrte, war es nun des Alten erste Sache, daß er sie fragte, wie es komme, daß sie als Mensch solche Zauberdinge treibe. Das Mädchen ahnte nichts Böses, erzählte ihm, daß sie von drei Feen einen Talisman bekommen habe, durch den sie Rosen, Perlen und Gräser hervorbringe, so lange, bis eben ihr Talisman lebe. »Was ist dein Talisman?« forschte der Alte. »Ein kleines Hirschlein auf Bergeshöhen; stirbt es, muß auch ich sterben«, antwortete das Mädchen.

Am nächsten Tage kam heimlich die Palastdame, erfuhr vom Misträumer die Sache und kaum hatte sie den Talisman in Erfahrung gebracht, als sie freudig nach Hause eilte. Sie teilte nun ihrer Tochter mit, daß auf Bergeshöhen ein Hirschlein sich befinde; sie solle es von ihrem Prinzgemahlen einfangen lassen.

Noch am selben Tage jammerte und klagte die Sultansfrau ihrem Gatten, daß sich auf Bergeshöhen ein Hirschlein befinde, dessen Herz sie essen möchte. Nach Verlauf gar kurzer Zeit fingen die Leute des Prinzen das kleine Wild, schlachteten es ab, nahmen sein Herz heraus und gaben es der Sultansfrau hin. In dem Augenblick, in dem man das Hirschlein abschlachtete, starb auch die Rosen-Schöne. Der Misträumer bedauerte sie und bedauerte sie auch nicht, und schließlich beerdigte er sie.

An der Spitze des Hirschherzens befand sich aber eine rote Koralle, die niemand bemerkt hatte. Als nun die Sultansfrau das Herz aß, fiel die Koralle zu Boden und rollte unter die Treppe, als ob sie sich verstecken wollte.

Mit der Zeit, und zwar nach neun Monaten und zehn Tagen erkrankte des Prinzen Gattin und gebar ein solches Töchterlein, das Perlen weinte, Rosen lachte und dessen Fußspur Gras entkeimte. Als dies der Prinz sah, dachte er hin und her, war dies Mägdlein doch ähnlich der Rosen-Schönen, und war ja seine Mutter eine andere.

Selbst im Traume hatte er keine Ruhe und es erschien ihm die Rosen-Schöne, die also zu ihm sprach: »O Prinz, mein Bräutigam, meine Seele liegt unter der Palasttreppe, mein Leib im Friedhof, deine Tochter ist meine Tochter, mein Talisman die kleine Koralle.«

Kaum daß der Prinz erwachte, so ging er gleich zur Treppe, suchte herum und fand dort die Korallenperle. Er hob sie auf, trug dieselbe in sein Gemach und legte sie auf den Tisch hin. Da kam sein Töchterlein herein, erblickte die rote Koralle und kaum ergreift es dieselbe, so verschwindet es, als ob es nie da gewesen wäre. Die drei Feen hatten das Kind entführt, trugen es nun hin zu seiner Mutter und als die Koralle in den Mund der Toten fiel, so erwachte sie zu neuem Leben.

Der Prinz fand keine Ruhe, ging in den Friedhof, öffnete das Grab und ließ den Sarg aufschließen; siehe da! dort befand sich die Rosen-Schöne seines Traumes, die ihr Kind im Arme hielt und ihren Talisman, die kleine Koralle bei sich hatte. Sie entstiegen dem Grabe, umarmten sich und beide weinten und aus den Augen beider strömten Perlen; wenn sie aber lachten, so sprossen Rosen hervor und ihren Fußspuren entkeimten Gräser.

Die Palastdame und ihre Tochter mußten gar schwer büßen, die Rosen-Schöne und ihr Diener-Vater samt dessen Frau, der Sultanstochter, lebten nun beisammen und vierzig Tage und vierzig Nächte lang dauerte die Hochzeit, aber ewig die Lustbarkeit.

Die Nachtigall und die Rose

Oscar Wilde

Eine rote Rose formt sich, genährt vom Blut einer Nachtigall. Die Nachtigall und die Rose sind zwei immer wiederkehrende Motive in orientalischen Märchen, die von Dichtern der Romantik sehr geschätzt wurden.
Oscar Wilde erzählt in seinem tragischen Märchen von einer unerfüllten Sehnsucht nach der ganz großen Liebe. Um diesem Ideal nahe zu kommen, opfert die Nachtigall ihr Leben, presst die Brust gegen den Dorn der Rose. »Oh! Welch unermessliches Glück«, meint der Student, als er am nächsten Morgen die rote Rose entdeckt, die da über Nacht aufgeblüht ist. Nun, so glaubt er, wird ihn die Tochter des Professors erhören. Doch das Blutopfer der Nachtigall ist vergebens, alles war nur eine Illusion. Die Angebetete wirft die Rose achtlos weg, weil sie nicht genau zu ihrem Tanzkleid passt. Außerdem hat ihr der Neffe des Kammerherrn mehr zu bieten als Blumen. Da ist es auch mit der Liebeswallung des Studenten vorbei und er wendet sich lieber wieder praktischeren Dingen zu als so etwas Ungewissem und Unsicherem wie der Liebe.

»Sie würde mit mir tanzen, sagte sie, wenn ich ihr rote Rosen brächte«, rief der junge Student; »aber in meinem Garten gibt es nicht eine einzige Rose.«
Die Nachtigall, die in ihrem Nest in der Steineiche saß, hörte dies, blickte durch die Blätter und wunderte sich.
»Nicht eine einzige rote Rose ist in meinem Garten!« rief er, und seine schönen Augen füllten sich mit Tränen. »Ach, von welch kleinen Dingen hängt doch das Glück ab! Ich habe alles gelesen, was die Weisen geschrieben, und alle Geheimnisse der Philosophie sind mein; aber eine einzige rote Rose, die ich brauche und nicht finde, macht mein Leben elend.«
»Endlich ein wahrer Liebender«, sagte die Nachtigall. »Nacht für Nacht sang ich von ihm, den ich nicht kannte: Nacht für Nacht sang ich seine Geschichte in die Sterne, und nun sehe ich ihn. Sein Haar ist dunkel wie die Hyazinthenblüte, und seine Lippen sind rot wie die

Rose seiner Sehnsucht; aber die Leidenschaft macht sein Gesicht bleich wie Elfenbein, und die Sorge drückt ihr Siegel auf seine Stirn.«

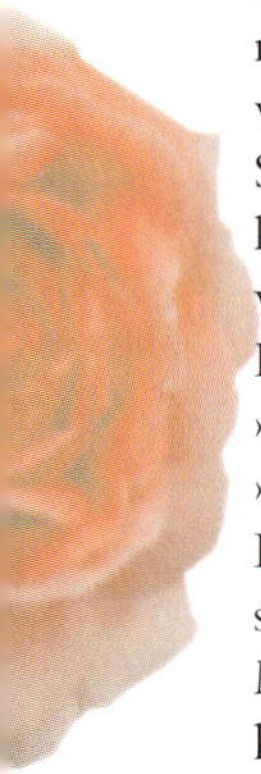

»Der Prinz gibt morgen abend einen Ball«, flüsterte der Student, »und meine Liebste wird dort sein. Bring ich ihr die rote Rose, wird sie mit mir tanzen, bis der Morgen graut. Bring ich ihr die rote Rose, werde ich sie in den Armen halten, ihren Kopf wird sie an meine Schulter lehnen, und ihre Hand wird die meine umfassen. Aber es blüht keine rote Rose in meinem Garten; so muß ich einsam sein, und sie wird an mir vorübergehn. Sie wird mich nicht beachten, und mein Herz wird brechen.«

»Wirklich ein wahrer Liebender«, wiederholte die Nachtigall. »Er leidet, was ich singe; für mich ist's Freude, für ihn Pein. O sicher, Liebe ist etwas Wundervolles, edler als Smaragde und lieblicher als schillernder Opal. Perlen und Granate können sie nicht erkaufen, kein Markt bietet sie feil. Von keinem Kaufmann kann sie erworben, mit keinem Gold aufgewogen werden.«

Die Musikanten werden auf ihrem Podium sitzen und auf ihren Geigen spielen«, sagte der Student. »Meine Liebste wird zum Klang der Harfe und der Geige tanzen. Oh, sie wird so leicht dahinschweben, daß ihr Fuß kaum den Boden berührt, und die Höflinge in ihren bunten Gewändern werden um sie sein. Mit mir aber wird sie nicht tanzen, denn ich habe nicht die rote Rose für sie.« Und er warf sich ins Gras, vergrub sein Gesicht in den Händen und weinte.

»Warum weint er?« fragte die kleine grüne Eidechse, die mit schlängelndem Schwanz an ihm vorbeilief.

»Ja warum?« sagte der Schmetterling, der nach einem Sonnenstrahl umherschaukelte.

»Ja warum?« wisperte das Maßliebchen zu seiner Nachbarin.

»Er weint um eine rote Rose«, sagte die Nachtigall.

»Um eine rote Rose«, riefen sie, »wie lächerlich!« Und die kleine Eidechse, die immer ein wenig zynisch war, lachte laut auf.

Die Nachtigall aber verstand das Geheimnis dieses Kummers; sie saß schweigend in der Eiche und dachte über die Liebe nach.

Plötzlich breitete sie ihre Flügel aus und schwang sich in die Nacht.

Sie durchstreifte den Hain wie ein Schatten, und wie ein Schatten schwebte sie über dem Garten.
Inmitten des Rasens stand ein schöner Rosenstrauch, und als die Nachtigall ihn sah, flog sie drauf zu und setzte sich auf einen Zweig.
»Schenk mir eine rote Rose«, rief sie, »und ich sing dir mein lieblichstes Lied.«
Aber der Rosenstrauch schüttelte den Kopf.
»Meine Rosen sind weiß«, antwortete er, »so weiß wie der Gischt des Meers und weißer als der Schnee auf den Bergen. Doch flieg zu meinem Bruder, der um die alte Sonnenuhr wächst; vielleicht gibt er dir, was du wünscht.«
So flog die Nachtigall hinüber zum Rosenbusch, der um die alte Sonnenuhr wuchs.
»Schenk mir eine rote Rose«, rief sie, »und ich sing dir mein lieblichstes Lied.«
Doch der Rosenbusch schüttelte seinen Kopf.
»Meine Rosen sind gelb«, erwiderte er, »gelb wie das Haar der Nixe, die auf dem Bernsteinthrone sitzt, und gelber noch als die Narzisse, die auf der Wiese blüht, bis der Schnitter mit seiner Sense kommt. Aber flieg zu meinem Bruder, der unterm Fenster des Studenten wächst, vielleicht gibt er dir, was du wünscht.«
So flog die Nachtigall hinüber zum Rosenstrauch, der unterm Fenster des Studenten wuchs.
»Schenk mir eine rote Rose«, rief sie, »und ich sing dir mein lieblichstes Lied.«
Doch der Rosenstrauch schüttelte den Kopf.
»Meine Rosen sind zwar rot«, erwiderte er, »rot wie die Füße der Taube und röter noch als die weiten Korallenfächer, die unter der Wölbung des Meeres wogen und wogen. Doch der Winter ließ meine Adern erstarren; der Frost tötete meine Knospen, und der Sturm knickte meine Zweige; in diesem Jahr werde ich keine Rosen mehr tragen.«
»Eine einzige rote Rose will ich«, rief die Nachtigall, »nur eine einzige rote Rose! Weißt du denn nicht, wo ich sie finden und wie ich sie gewinnen kann?«

»Es gibt wohl eine Möglichkeit«, sprach der Rosenstrauch, »aber sie ist so schrecklich, daß ich sie dir nicht zu sagen wage.«
»Sprich doch«, sagte die Nachtigall, »ich fürchte mich nicht.«

*»Wünschst du eine rote Rose,
so mußt du sie im Mondlicht formen aus Gesang
und röten mit deinem Herzensblut.*

Mit einem Dorn in der Brust mußt du für mich singen, singen die ganze Nacht, und der Dorn muß dein Herz durchbohren; dein Blut muß in meine Adern fließen und mein Blut werden.«
»Der Tod ist ein hoher Preis für eine rote Rose«, klagte die Nachtigall, »und jeder liebt das Leben. Herrlich ist es, in den grünen Wäldern zu sitzen, den goldnen Sonnenwagen zu schauen und die Perlengondel des Monds. Süß ist der Duft des Weißdorns, und süß sind die Glockenblumen, die im Tal sich verbergen, und das Heidekraut, das am Hügel blüht. Doch mehr als das Leben ist die Liebe, und was ist schon das Herz eines Vogels gegen ein Menschenherz?«
So breitete sie die braunen Flügel aus und erhob sich in die Luft. Sie strich wie ein Schatten über den Garten, und wie ein Schatten schwebte sie über den Hain.
Der junge Student lag noch immer im Gras, wie sie ihn verlassen hatte, und die Tränen in seinen schönen Augen waren noch nicht versiegt.
»Sei fröhlich«, rief die Nachtigall, »sei fröhlich; du sollst deine rote Rose bekommen! Im Mondschein will ich sie formen aus meinem Gesang und röten mit meinem Blut - ich fordere nur, daß du ein wahrer Liebender bleibst, denn die Liebe ist weiser als Philosophie, so weise sie auch ist, und mächtiger als die Macht, so mächtig sie auch sein mag. Flammenfarben sind ihre Flügel, und von der Farbe der Flamme ist ihr Leib. Ihre Lippen sind süß wie Honig, und ihr Atem ist wie Weihrauch.«
Der Student schaute vom Grase auf und lauschte; aber er verstand nicht, was die Nachtigall sang; denn er wußte nur, was in Büchern geschrieben stand.

Doch die Eiche verstand es, und sie wurde traurig, denn sie liebte die kleine Sängerin, die ihr Nest in ihren Zweigen hatte.
»Sing mir ein letztes Lied«, flüsterte sie; »ich werde sehr einsam sein, wenn du fort bist.«
So sang denn die Nachtigall der Eiche ein Lied, und ihre Stimme war wie der Wasserstrahl, der aus silbernem Gefäße perlt.
Als sie ihren Gesang geendet, erhob sich der Student und entnahm seiner Tasche ein Notizbuch und Bleistift.
»Sie hat einen herrlichen Ton«, sprach er zu sich selber, als er durch den Hain hinwegging, »das kann man nicht leugnen. Doch besitzt sie auch Gefühl? Ich fürchte nein. Sie ist eben wie die meisten Künstler. Alles ist Stil an ihr ohne Ernsthaftigkeit. Sie würde sich nicht für andere opfern. Sie denkt nur an die Musik, und jeder weiß doch, daß die Kunst selbstsüchtig ist. Und doch muß man zugeben, daß ihre Stimme oft herrlich klingt. Schade, schade, daß der Klang so wenig Sinn hat und keinen praktischen Wert besitzt.« Und er ging in sein Zimmer, legte sich auf das Strohbett und dachte an seine Liebe. Nach einer Weile schlief er ein.
Als der Mond am Himmel leuchtete, flog die Nachtigall zum Rosenstrauch und stach den Dorn in ihre Brust. Sie sang, den Dorn in ihrer Brust, die lange Nacht hindurch, und der Mond, der kristallne kalte, neigte sich herab und lauschte. Die ganze lange Nacht hindurch sang sie; immer tiefer drang der Dorn der Rose in ihre Brust, und ihr Blut verrann.
Zuerst sang sie vom Erwachen der Liebe im Herzen eines Jünglings und eines Mädchens. Und an der höchsten Spitze des Rosenstrauches erblühte eine herrliche Rose, ein Blütenblatt folgte dem andern, wie ein Lied dem andern folgte. Noch war die Rose fahl wie der Nebel, der überm Flusse hing - fahl wie die Fußspitzen des Morgens und silbern schon wie die Flügel des erwachenden Tages. Wie das Bild einer Rose im Silberspiegel, wie das Bild einer Rose im Spiegel des Teichs, so war die Rose, die auf der höchsten Spitze des Rosenstrauches sich entfaltete.
Doch der Strauch mahnte die Nachtigall, den Dorn noch viel tiefer in die zarte Brust zu stechen. »Viel fester, kleine Nachtigall«,

rief er, »oder der Tag kommt, noch ehe die Rose vollendet ist.«
Die Nachtigall preßte den Dorn tiefer in die Brust hinein, und immer lauter wurde ihr Lied, als sie von der keimenden Leidenschaft in der Seele eines Mannes und einer Jungfrau sang.
Ein zarter rötlicher Hauch überzog die Blüte wie das Antlitz des Bräutigams, der die Lippen der Braut küßte. Noch aber hatte der Rosendorn nicht das Herz der Nachtigall erreicht, so daß der Rose Herz noch weiß war; denn nur das Herzblut der Nachtigall kann das Herz einer Rose röten.
Und nochmals mahnte der Strauch die Nachtigall, den Dorn tiefer zu stechen. »Viel fester, kleine Nachtigall«, rief er, »oder der Tag kommt, noch ehe die Rose vollendet ist.«
Noch tiefer trieb die Nachtigall den Rosendorn in ihre Brust, und er berührte ihr Herz; wilder Schmerz durchzuckte sie. Bitter, bitter war der Schmerz, und wilder, immer wilder wurde ihr Lied, denn nun sang sie von der Liebe, die sich vollendet im Tode und unsterblich bleibt über das Grab hinaus.
Und die Rose rötete sich herrlich wie die Rose am östlichen Himmel. Dunkelrot war der Kelch der Blüte und wie ein Rubin glühend ihr Herz. Der Nachtigall Stimme aber verlor sich, ihre kleinen Flügel begannen zu flattern, und ein Schleier bedeckte die Augen. Leiser, immer leiser wurde ihr Lied, und enger schnürte sich ihre Kehle.
Da brach noch einmal die Flut der Töne hervor. Der weiße Mond hörte es; er dachte nicht mehr an den Morgen und säumte auf seiner Bahn. Die rote Rose hörte das Lied, zitterte vor Entzücken, und ganz öffnete sich ihre Blüte in die kalte Morgenluft. Das Echo trug es zu seiner purpurnen Wohnung in den Hügeln und weckte die schlafenden Hirten aus ihren Träumen. Es wehte durchs Schilfrohr am Fluß, und das Schilf gab die Botschaft weiter dem Meer zu.
»Sieh doch, sieh!« rief der Rosenstrauch. »Die Rose ist vollendet.« Aber die Nachtigall gab keine Antwort; sie lag tot im hohen Gras, den Rosendorn im Herzen.
Als der Mittag kam, öffnete der Student sein Fenster und blickte hinaus. »Oh! Welch unermeßliches Glück«, rief er, »eine rote Rose!

Mein Leben lang habe ich noch keine Rose gesehen wie diese. Sie ist so schön, daß sie wohl einen langen lateinischen Namen hat.« Er beugte sich aus seinem Fenster und brach sie ab.

Dann setzte er seinen Hut auf und lief, die Rose in der Hand, zum Haus des Professors.

Die Tochter des Professors saß gerade in der Laube und wickelte blaue Seide auf eine Spule; ihr kleiner Hund lag zu ihren Füßen.

»Sie sagten«, rief der Student, »Sie würden mit mir tanzen, wenn ich Ihnen eine rote Rose brächte! Hier ist die röteste Rose der Welt. Sie werden sie heute abend am Herzen tragen, und während wir tanzen, wird sie erzählen, wie sehr ich Sie liebe.«

Doch das Mädchen zog die Stirn in Falten.

»Ich fürchte, sie wird nicht zu meinem Kleid passen«, antwortete sie, »und außerdem ließ mir des Kammerherrn Neffe echte Edelsteine überbringen. Und alle wissen doch, daß Edelsteine teurer sind als Blumen.«

»Oh, Sie sind undankbar, sehr undankbar«, sagte der Student zornig und warf die Rose auf die Straße. Sie fiel in den Rinnstein, und das Rad eines Wagens rollte über sie hin.

»Undankbar?« sagte das Mädchen. »Ich glaube, Sie sind sehr ungezogen! Wer sind Sie denn schon? Ein kleiner Student. Ich glaube nicht, mein Herr, daß Sie Silberschnallen an Ihren Schuhen haben wie des Kammerherrn Neffe.« Und sie stand von ihrem Stuhl auf und ging in das Haus.

»Was für eine alberne Angelegenheit ist doch die Liebe«, sagte der Student im Weggehn. »Sie ist nicht halb so nützlich wie die Logik, denn mit ihr läßt sich nichts beweisen. Sie erzählt immer von Dingen, die niemals geschehen, sie macht einen glauben, was nie wahr sein wird. Wirklich - sie ist nicht brauchbar. Ich will wieder Philosophie studieren und Metaphysik. Heutzutage achtet man nur den, der praktisch zu sein weiß.«

Er kehrte in sein Zimmer zurück, zog ein staubiges dickes Buch hervor und begann zu lesen.

Märchenhafte Rosenrezepte

ROSENBOWLE

0,7 l guter trockener Rosé
0,7 l abgekochtes Wasser
100 g Zucker
300 ml Rosenlikör
4 EL Rosenwasser (für ein intensives Rosenaroma)
0,7 l trockener, gut gekühlter Sekt

Den Roséwein mit dem Wasser mischen und auf maximal 60 Grad erwärmen. Das Ganze abkühlen lassen. Den Likör und, falls gewünscht, das Rosenwasser zufügen. Abgedeckt eine halbe Stunde ziehen lassen. Falls vorhanden, 50 g duftende (ungespritzte) Rosenblütenblätter in die Bowle legen und mitziehen lassen. Vor dem Servieren die Rosenblütenblätter heraussieben und den Sekt in die Bowle gießen.

Variation: Sehr edel wird die Rosenbowle mit Champagner (oder Prosecco) und Weißwein.
Auch für diese Champagnerbowle nur echtes Rosenwasser verwenden. Es ist ein natürlicher Auszug aus Rosenblüten ohne Aromastoffe oder Konservierungsstoffe. Im Sommer lässt sich die Bowle durch Zufügen von Eiswürfeln, in die kleine Rosenblüten eingefroren wurden, sehr gut kühl halten.

KIR ROYAL »A LA ROSE«

30 ml Rosenlikör
1 Blütenblatt einer Duftrose
Trockener Sekt oder Champagner

Den Likör in ein Sektglas geben, das Rosenblatt zufügen und auffüllen.

Geschmacksvariation: 10 ml Rosenlikör und 1 TL Himbeermark in das Glas geben und auffüllen.

ROSENPUNSCH

0,7 l guter, trockener Rotwein
0,7 l schwarzer Tee
3 EL feinster Zucker
250 gegetrocknete Rosenblütenblätter oder
5 EL Rosenwasser
2 EL Zitronensaft
4 EL Orangensaft
100 ml Rosenlikör

Den frisch gebrühten Tee maximal 3 Minuten ziehen lassen, mit dem Rotwein und dem Feinzucker mischen. Über die Rosenblüten gießen, 1 Stunde ziehen lassen, dann aussieben.

Wenn keine Rosenblütenblätter zur Verfügung stehen, das reine Rosenwasser zufügen. Zitronen- und Orangensaft untermischen, den Rosenlikör zum Schluss zufügen und das Ganze auf maximal 60 Grad erwärmen.

Alle Rezepte auf S. 124/125 stammen von Heidemarie Möhrig-Jost, Rosenhof Bermuthshain

Märchenhafte Rosenrezepte

DORNRÖSCHENS ROSENKUCHEN

300 g Mehl (Typ 1050)
3,5 TL Backpulver
3 EL Rohrzucker
1 Prise Salz
60 g Mandeln
250 ml Milch
150 g Rosenkonfitüre
2 Eier
45 g Butter
6-8 cl Rosenlikör

Den Backofen (Umluft) auf 160 °C vorheizen. Mehl, Backpulver, Zucker, feines Meersalz und geriebene Mandeln mischen. Milch, Konfitüre, Ei, flüssige Butter und Rosenblütenlikör verrühren, zum Mehl geben, alles zu einem glatten Teig rühren. Die Form mit flüssiger Butter auspinseln. Den Teig bis auf 3⁄4 Höhe einfüllen (am schönsten: in eine Rosenform). In die Mitte des Ofens schieben, bei 180 °C 25 bis 30 Minuten backen.
Lauwarm schmeckt der Rosenkuchen besonders gut.
Um den Rosen-Geschmack zu intensivieren, den Kuchen quer (in ca. 1,5 cm Höhe) aufschneiden und mit einer dünnen Schicht Rosenkonfitüre oder Rosensahne füllen.

DORNRÖSCHEN ROSENCOCKTAIL

0,2 l frischgepreßten Orangensaft
4 cl Bourbon Whisky
2 cl Rosenlikör

Für zwei Personen.
Die Zutaten auf Eis shaken.

Die Rezepte auf dieser Seite stammen vom Dornröschenschloss Sababurg (Foto oben).

Quellen

Die Schöne, die im Walde schlief;
Charles Perrault (1628-1703),
aus: Das Kabinett der Feen.
Französische Märchen des
17. und 18. Jahrhunderts,
Artemis & Winkler, München.

Die Schöne und das Biest;
Jeanne-Marie Leprince de Beaumont
(1711-1780),
aus: Französische Märchen, Hg. Ré Soupault,
Eugen Diederichs, München.

Der Rosenelf;
Hans Christian Andersen (1805-1875),
aus: Sämtliche Märchen, Alfred Kühnau,
Leipzig 1907.

Das Märchen vom Rosenblättchen;
Clemens von Brentano (1778-1842),
aus: Die Märchen des Clemens Brentano,
Ernst Heitmann, Leipzig, o. J.,
(leichte Modernisierungen d. Herausgeberin).

Die Geschichte von Pezze e fogghi;
aus: Italienische Volksmärchen,
Hg. Felix Karlinger,
Eugen Diederichs, München.

Von dem klugen Mädchen;
aus dem Volksmund gesammelt von
Laura Gonzenbach;
Wilhelm Engelmann, Leipzig 1870.

Der Rosenbey;
Elsa Sophia von Kamphoevener,
aus: An den Nachtfeuern der Karawan-Serail,
Rowohlt, Reinbek 1985.

Die Rosenschöne;
Aus: Türkische Volksmärchen, EJ Brill,
Leiden 1905.

Die Nachtigall und die Rose;
Oscar Wilde (1854-1900),
aus: Märchen und Erzählungen, Winkler,
München.

Bildnachweis:

Wir bedanken uns für die schönen
Rosenfotos bei:
Brit Schubert, S. 4, 10, 19, 26, 29, 33,
36, 41, 43, 45, 50, 65, 68, 78, 81, 82, 86,
100, 105, 112, 121, 122
Rosenhof Schultheis, S. 22, 25, 76, 85, 97,
117
Gijs Vroegh, www.der-burggarten.de,
Dornröschenschloss Sababurg, S. 1, 14,
16, 30, 46, 50, 54, 58, 89, 94, 106, 109, 118,
124, 126

Rezepte:

Die Rosenrezepte auf den Seiten 124/125
stammen vom Rosenhof Bermuthshain

Die Rezepte von Seite 126 stammen
vom Dornröschenschloß Sababurg

Adressen:

Der Rosenhof Schultheis
befindet sich in der
Bad Nauheimerstr. 3-7
61231 Bad Nauheim
06032/ 8 10 13
www.rosenhof-schultheis.de

Der Rosenhof Bermuthshain
ist ansässig
Am Lüderbach 8
36355 Grebenhain
Tel: 06644 7331
Fax: 06644 7485
www.Rosenhof-Bermuthshain.de

Das Dornröschenschloss Sababurg
finden Sie
Im Reinhardswald
D-34369 Hofgeismar (Sababurg)
Telefon: 05671/ 808-0
www.dornroeschenschloss.de